コロナと国防

ちょっと待て、こんな日本に誰がした!

ほんこん

ワニブックス
PLUS新書

はじめに

前著『日本のミカタ　ボク、この国のことを愛してるだけやで！』（ワニブックスPLUS新書）を出してから、早いもので1年が過ぎました。

「お笑いができるのも、平和があってこそやで！」

そう本の帯にも書いたのですが、ウイルスのせいで世界は平和ではなくなり、まさか大好きなお笑いができなくなるとは思ってもいませんでした。この2020年という年は、新型コロナウイルスに始まり、新型コロナウイルスで終わる1年になりそうです。

この原稿を書き始めた5月、6月くらいは感染者数も減ってきて、徐々に日常が取り戻せそうなところまで来ていましたが、7月に入って再び感染者が増え、8月には一日における国内最多の感染者を出しています。感染者数だけを見ると収束の気配がありませんし、知ってのとおり、2020東京オリンピック・パラリンピックは2021年に延期されました。今の状況では来年開催も難しそうですから、ほんまは2022年開催でもいいんじゃないでしょうか？　ほんで一個ずつずらしていけば。

２０２２年ということになったら、北京の冬のオリンピックとぶつかる？　いや、やっぱり東京も北京もヤバいかもわかりません。結局、ワクチンや治療薬ができない限り、どこの国であろうと、世界中の人々を呼んでスポーツの祭典なんてできっこないでしょう。２０２５年に予定されてる大阪万博も楽観視できんのとちゃいますか？

さて、今回の新型コロナウイルス騒動を総括するにはまだ早過ぎますが、その対応を巡っていろいろとおかしなところも目につきました。世間では「アベノマスク」と揶揄された国からの布マスクの配布、緊急時だというのに手続きがアナログで時間のかかった各種給付金や協力金の支給、感染者再増加中に決行されたＧｏＴｏトラベルキャンペーン――。実施内容も二転三転し、実施のタイミングの悪さやスピード感に欠ける政府の対応によって、日常生活が大きく混乱したのは事実です。

それに対して、対案を出すならまだしも、コロナに向けた議論を深めるどころか、ひたすら政府批判一辺倒の姿勢を崩さない野党議員たちもひどいものでした。

国民の混乱に拍車を掛けたものに、マスコミの偏った報道もあります。特に一部のマスコミでは「全国民へのＰＣＲ検査をしない限り収束しない！」と連日にわたり報じるなど、医療現場の現実を無視して、国民の不安を今もひたすらあおっています。

また、新型コロナ対策を最優先すべき時に、検事長の定年延長や種苗《しゅびょう》法改正が行われようとしたことで政府は批判の嵐にさらされ、一部の芸能人やタレントがＳＮＳでそれらの批判を後押し（リツイート）する現象も起こりました。

一方、新型コロナの感染拡大の隙をついて、尖閣諸島沖には連続１００日を超えて中国の公船が日本の領海に足を踏み入れましたし、ここに来てアメリカと中国間の対立も日々緊張度を増してきました。お隣の韓国も、日本が韓国向けの半導体の原材料などの輸出管理を厳格化したことに対して、ＷＴＯ（世界貿易機関）の会合において「正当な理由がなく、すべてが無効だ」との主張をさらに強めています。北朝鮮の拉致被害者のご家族が高齢により他界されることも増えてきてしまいました。

今回のウイルスという見えない外敵との闘いを通して、まさに日本の国民の命と領土を守るための「国防」が穴だらけであることを痛感することになりました。

玄関に鍵をかけず、「ウチは永遠に戦いませんよ」と言っているうちに、ウイルスや外国船や盗人がドカドカと入り込んできている状態といっても過言ではないでしょう。

日本国憲法の下《もと》では、日本は敵国から攻撃があるまでは何もできません。「敵地攻撃能力」については最近になってようやくその保有の是非を巡る議論が出てきましたが、国会で議論されるかはまったく不透明です。ウイルス対策でも、強制力をもって住民を外出禁止にしたり避難させたりするような権限が内閣にもありません。

これって、おかしくないですか？　国民の命を最前線で守ってくれてはる自衛隊の存在ですら、憲法９条があることから整合性が取れず、曖昧な立場に立たされています。

そもそも、国の根本秩序に関する基本的な原理原則を定めているはずの憲法が、「解釈」によって変わるというのもおかしいことです。

戦後75年間、日本は幸いなことに戦争に巻き込まれることはありませんでした。でも、隣国たちとの関係がかつてないほど悪化してきている現在、これから先のことはわかりません。はっきりしているのは、**戦後にアメリカに押し付けられた現行憲法ではこの国が守れなくなってきたということです**。

さて、ここでご報告があります。原稿をすべて書き終えた直後の８月28日、安倍晋三首相が総理大臣を辞任する意向を表明しました。持病の潰瘍性大腸炎《かいようせいだいちょうえん》が再発し、国民の負託に自信を持って応えられる状態でなくなったのがその理由とのことです。

この本は安倍首相が２０２１年の任期まで総理大臣を務める前提で書いているので、ボクの心中も察してください（涙）。本来、８月29日から印刷に入る予定でしたが、無理を言って、「はじめに」と「おわりに」にボクの気持ちを急遽、入れることにしました。

安倍首相、まずは本当におつかれさまでした。そして本当にありがとうございました。「政治は結果」だと言われますが、各国の首脳が安倍首相の退陣を惜しむコメントを出していますし、重傷者数や死者数を抑えた新型コロナ対策など、安倍首相の捲いた種は結果としてこれから出てくることでしょう。その時に本当の評価が決まると思います。

しかし、退陣表明会見の時の記者さん、「おつかれさま」って言ったのはひとりだけやったね。７年８か月にわたり重責を担ったことに、なぜ敬意を表せないのでしょうか。「記者の質問は国民の総意」なんやろ？　だったら、礼儀ぐらいきちんとしようや。

そして立憲民主党の石垣のりこ議員の、「大事な時に体を壊す癖がある危機管理能力のない人物」というツイートは論外！　病の悪化を理由に退陣する安倍首相に失礼だし、職場や学校で病気で苦しんでいる人への差別を助長しかねない発言やで。よく「多様性の享受」とか言えるな。潰瘍性大腸炎は難病指定されているのご存じか？

新型コロナウイルスを通して、安倍首相の足を引っ張り続けた無能な大臣たち、オールドメディアの驕《おご》り、野党議員の人間性、国防の大切さなんかが見えてきたね。そこがこのコロナ禍の唯一の収穫かもしれません。そんなあぶり出されてきた日本の課題をボクはTwitterやYouTubeでも主張していきたいと思います。

1年くらい前までは、ボクにとってTwitterといえば湘南の波の高さの情報を流すくらいのツールでした。それが、やがて世のため人のため、政治や社会情勢のことを中心につぶやくようになってきています。

新型コロナウイルス関連で言いたいこともあり、YouTubeで自分のチャンネル『ほんこんのちょっと待て』をやるようになりました。この国をより良い国にするために、ボクはおかしなことはおかしいと、遠慮なく発信させてもらってます。

ちょっと待って！――そんな思いを込めて、本書をまとめさせてもらいました。あんまり笑える話がないのは申し訳ないですけど、最後までお付き合いください。

あ、YouTubeチャンネルの登録もお忘れなくね（笑）。それでは舞台の幕開けです。

目次

はじめに　2

第一章　コロナ対策から見えた政府の限界……15

「緊急事態宣言」出てるのに、なんで新幹線走っとんの？　16
中国の発表も遅かったけど、日本の水際対策も失敗やで　18
安倍首相の会見が国民の心に届かなかった理由　20
リーダーとしての言葉ってほんまに大事やで！　22
ＷＨＯと中国、検察とマスコミと同じぐらいツーカーかな⁉　24
芸能人が「仕事ない。補償してくれ」って……最後でええわ！　26
マイナンバー反対派は「給付金が遅い」と言うたらダメ！　30
給付金と電通問題、叩いても何も出てけえへんよ　34
ＵＳＢを知らんおっちゃんをサイバー大臣にする日本と台湾との差　37

ありがたい休業協力金やけど、もっとシンプルでええやん　39
国の借金が増えて大変？　それってほんまのことなの？　43
コロナ禍で世界に誇るべき日本人の国民性を発揮！　45
ゆる〜い「独裁」が容認されないと緊急事態に対処できへんで　48
のんきもええけど、危機管理の意識を高めなあかん　51
国が戦ってる時にお金のことでわあわあ言う人がいたらあかんで　54
コロナ対策で、期間限定で消費税ゼロがええんちゃう？　56
蓮舫さん。ボク、高卒やけど頑張ってますよ！　59
10年以上前の発言がブーメランで返ってくるなんて、ある意味スゴいで　62
野党の皆さん、ほんまは政権取ろうとは思ってないんとちゃう？　64
選挙のために共産党と手を組む立憲民主党　67
選挙制度改革も憲法改正も議論して、若い世代に未来を託さな！　69
自民党は結党の精神を忘れたんちゃうんか？　71
先に武器を取り上げるのが何で問題なん？　74
バラバラやから「ＧｏＴｏトラベルキャンペーン」で差別が起きる　75

安倍首相は頼りない大臣たちのせいで相当お疲れやったで　78
日本が財政出動したところでデフォルトなんてせえへんで　81
ありがたいお話ですが、日本にはスパイ防止法がないんです　83
スパイを防止したら、誰が都合悪くなんねん？　85

第二章　コロナがあぶり出したマスコミの正体

第二章　コロナがあぶり出したマスコミの正体……89
なんで台湾のコロナ対策を日本は見習わんの？　90
とにかく急がれるワクチン開発。頼んだで！　92
ボクの命が地球より重いなんてことはありません　94
ＰＣＲ検査するほうも全部着替えて大変なんやで　96
ＰＣＲ検査１万人が受けても、３０００人が誤判定やで！　99
４日間我慢、それでも熱が下がらなかったら診察行くんちゃうの？　101
恐怖を散々あおった〝専門家〟には謝って訂正してほしいわ　104
ダイヤモンド・プリンセス号は日本国内と違うこと知らんの？　106
なんで感染者数ばかり発表して、退院者数は言わんの？　108

日本のために頑張ってくれた人たちをちゃんと報道してや 110
ダメな大臣はいるけど、いいところはいいって言わなね 113
マスコミさん、偏った編集はせんで結論は視聴者に決めさせえよ 116
無症状でもＰＣＲ検査受ける意味はあるんやろか？ 118
「診断には使ったらあかん」とＰＣＲ開発者が言うてますわ 120
ＰＣＲ検査が万能ではないことはＪリーグを見ればわかるやん！ 122
〝専門家〟といわれている人の言うこと、全然当たってないやん 124
何でもかんでも政権のせいかというと違うでしょ 126
ウソの報道したら、謝ったらええってわけやないで 128
ＰＣＲが「お墨付き」みたいになってしまうのが怖い 130
「日常」を止めなかったスウェーデンの死亡率は……⁉ 133
何のために「治験」があるのか、考えたらわかるやろ 136
沖縄の混乱はすべて国のせいやろか？ 140
もう指定感染症から外して、騒がんようにしましょうよ 142
謝罪して訂正しないのは、マスコミと野党の共通点や 144

戦争をしたないからこそ、しっかりした議論が必要！ 147
拉致被害者の家族の声を報道しなかったマスコミの罪 150
なんで国防の手の内を近隣諸国にさらさにゃあかんわけ？ 152
今はメディアの過渡期……このままだとテレビが敗れ去る？ 155
政治家にはなりたないけど、外からいい世の中にしていきたい 157

第三章 コロナから考察する芸能人の表現の自由 …… 161

芸能人のつぶやき、もっと増えてもええんちゃう？ 162
Twitterは情報を集めて精査できるツールにもなんねん 164
発信するからには「決め付け」は大問題やで 167
政治的発言をするからには覚悟と責任が必要や 170
ボクと考えが違っても、与党になったらいいところは応援するよ 172
謝るくらいなら、最初から誹謗中傷なんかするなや！ 174
女優さんが提起した種苗法改正問題、どっちがええんやろ？ 176
第一次産業を守るために、国が管理してもええんちゃうか 178

芸人の不倫ばっか追っかけてる場合やないやろ！ 181
ほんまに中国との密約があったんなら憤慨やで 183
日本は値段の安さに飛び付き過ぎたんとちゃいますか 185

第四章 コロナが教えてくれた国防の重要性

第四章 コロナが教えてくれた国防の重要性……189
国を守る人に敬意を持てない残念な人らもいっぱいおんねんな 190
死者も院内感染もゼロの自衛隊中央病院の奇跡、知ってまっか？ 192
日本が軍隊持ったらほんまに外国を侵略すると思う？ 195
侵略されるのを黙って見てんのなんて勘弁やで 199
この状況で「国難」ってゆうたらなんでいけないの？ 201
静岡県の大きさ分の土地がすでに中国のもんってほんまか！ 204
日本はオーストラリアの味方をできるんやろか 207
カネの損得よりも、国のこと、善悪を考えてほしいねん 209
攻めて来たらタダではやられへんでという覚悟を見せるべき 211
個人情報ガーって……普段は情報開示しろって言うてるやん！ 214

個人の自由よりも大切なものもあるんとちゃうか　216
国歌を歌うとか歌わへんとか、そんな国、ほかにある？　219
外国が攻めてくることは絶対にないってなんで断言できるの？　221
本来は「敵」が支配している台湾が反日やない不思議　224
選挙に行って、ちゃんとした「国士」を選んでや　227
ウイルスから守るのも敵国から守るのも「国防」やで　229

おわりに　232

第一章　コロナ対策から見えた政府の限界

「緊急事態宣言」出てるのに、なんで新幹線走っとんの？

２０２０年――この年はほんまは「東京オリンピックの年」として深く記憶されるはずでしたが、このまま「新型コロナウイルス」一色の年となりそうですね。

世の中は「お笑い」どころではなくなり、ボクも仕事がガクッと減ってしまいました。お笑いの舞台はなくなり、レギュラー番組の『教えて！ＮＥＷＳライブ 正義のミカタ』（朝日放送テレビ）で人を笑かすくらいのもんです。

家庭内では、普段はいないはずのオヤジがずっと家におったから、家族はやっぱりストレスを感じてるようでした。ボクはボクで「なんで家おんねん？」っていう顔を家族にされてて、それはストレスになりましたわ（笑）。

今振り返ると、新型コロナウイルスといっても、かつての「ＳＡＲＳ」や「ＭＥＲＳ」と同じようなもんで、局地的な流行で終わる病気やと思ってました。実際、ボクも２０２０年の１～２月くらいは普通に仕事してましたから。

日本国内で初めて感染者（神奈川県在住の中国籍男性との報道あり）が報告されたの

は1月16日、国内で初の死者が出たのが2月13日。亡くなった方の家族の感染もわかり、その方が出席した屋形船での新年会がクラスター源と特定される頃には感染者数が100人を超えました（2月21日）。その間、2月3日には感染者を乗せた「ダイヤモンド・プリンセス号」が横浜港に入港しています。

安倍晋三首相が全国の学校に休校要請をした2月28日以降、舞台の仕事がちょっとずつ減っていって、「緊急事態宣言」があった4月にはまったくなくなりました。劇場というのは、密閉・密集・密接の「3密」の状況を生み出しやすいですし、演者も大声を出すのでツバ飛ばすかもわからないですから、吉本の適切な判断だったと思います。

テレビ番組も同じで、新規の撮影は控えられ、再放送や総集編に切り替わって、一気にボクらの仕事がなくなりました。でも、再放送のストックがなくなってくると、徐々にリモートでテレビに出演する仕事も増えてきました。

テレビ局側も東京〜大阪の移動をNGにしたので、大阪のテレビには東京からリモートで仕事はさしてもらってましたけども、「非常事態で移動するな！」というのだったら、なんで新幹線は走ってんねん！　これもおかしいなと思いましたね。

表面では「外出を控えて」と言いながら、電車もバスも走ってる……。本音と建て前じゃないですけど、緊急事態宣言も中途半端やな〜と思ってました。

中国の発表も遅かったけど、日本の水際対策も失敗やで

今回の新型コロナウイルスの感染拡大は、やっぱり政策ミスから始まったと思います。新型のウイルスを発生させた上に拡散を止められなかった中国に対しての水際対策については、もう最悪でしたわ。

中国の発表も遅かったのは事実。でも、湖北省武漢の医療関係者が防護服を着込んで懸命に治療にあたってる現地の映像を見たら、大変なことになってるのは日本側だってわかったはずです。やっぱり、最初にもっときちんと水際対策をするべきでした。

「備えあれば憂いなし」っていうじゃないですか。準備はしっかりしておいて、それで大したことなかったらそれでいいわけで。「何もなくてよかったやん」で終わるじゃないですか。それやのに、なぜ3月8日まで入国を制限なく許したのか。

ひとつの理由はやっぱり、その時点までは中国の習近平国家主席を「国賓《こくひん》」で呼ぶことを考えていたからでしょう。一般旅行者は入国禁止にして、国家主席だけを入国させるわけにもいかないし、日本側から断ったとなれば外交的に火種になりかねないので、そこを懸念したのだと思います。

でも最大の理由は、経済的な利益を確保したかったからでしょうね。中国の旧正月（春節＝２０２０年は1月25日）前後のインバウンドをものすごく期待して、経済とウイルスのリスクを天びんにかけた結果、経済を取ってしまったのは明らかではないでしょうか。それが最大の決断の遅れを生んだと思いますわ。

中国のほうで1月27日から団体ツアー旅行を一時禁止と決めましたから、訪日観光客はずいぶん減りました。でも、個人なら海外旅行ができるという抜け道が残っており、日本側としても入国制限などの強い措置は避けたかったのは見え見えです。

特に「さっぽろ雪まつり」（2月4日〜11日）では少しでも稼いでおきたいという思いもあったんでしょう。ほんまならその前には、日本への入国を禁止してたほうがよかったんじゃないかなとボクは思いますけどね。

実は、武漢で原因不明の肺炎にかかった人がいることから、台湾は19年12月31日の時点でWHO（世界保健機関）に「複数の患者が隔離治療されている」と電子メールで通報してます。こんなに早い時点で人から人への感染の可能性を示唆し、「ヤバいんちゃいますか？」って警告したものの、WHOにスルーされてしまいました。

台湾は、今回の新型コロナウイルス封じ込めに成功した国の一つですけど、「一つの中国」を主張する中国の反対でWHOから排除されています。

その台湾は、2月5日に中国への渡航中止を勧告しています。日本も2月上旬には入国を禁止できればよかったんですけどね。そしたらここまで感染は広がらずに、重傷者や死者の数ももっと少なくて済んだとは思います。

安倍首相の会見が国民の心に届かなかった理由

ただ、本当に1～2月の早い段階で特定の国からの入国制限を行っていれば、結果として緊急事態宣言を出すほど感染は広がっていないでしょうから、逆に危機感のない人らは「やりすぎだ」、「経済に悪影響が出る」、「人種差別だ」と絶対にケチを付けるに決まっています。「何もなくてよかったね」なんて、絶対に言われないでしょ。

3月2日に学校を一斉休校にしただけでも、「親が面倒見切れない」、「子どもが家にいても親が仕事で外出したら意味がない」、「思い付きの政策だ」って、えらい批判の嵐でしたからね。立憲民主党の蓮舫さんもTwitterで「新型肺炎へのリスク対策と言いながらこの科学的根拠なき線引きに驚く」、「場当たり的政府の対応はどうなの?」と怒りを露《あら》わにしてはりました。何年後かに向けてブーメランを投げはった感じです。

でも、この一斉休校によって子どもの間の集団感染の心配は減り、親のほうも「職場に来たらあかん。リモートで仕事してや」という流れになってきて、安倍首相の判断は正しかったと言えるでしょう。今は誰も一斉休校には文句を言うてませんもんね。

ただ、残念だったのは、**安倍首相の会見が国民の心に届かなかったことです**。安倍首相っていうのはきめ細やかで、真面目で、丁寧に勉強してはって、すべてわかってるはずなんですよ。でも一連のコロナ騒動の中で何回かテレビを通して安倍首相が直接発言する機会がありましたが、なかなか国民の心に届かなかったのはなぜでしょうか?

例えば、石原慎太郎元東京都知事とか、再選を果たした小池百合子現都知事とか、ちゃんとした会見用の原稿の書けるライターが横にいてると思うんです。石原さんの本を全部読んで、本人以上に石原節を書けるライターが、これぞ「石原節」といったフレーズを作ってるんじゃないでしょうか。間違っていたらすいません。

そう考えると、安倍首相の会見の原稿を作ったスタッフたちにも問題があるのではないでしょうか。星野源さんのあのステイホーム動画に便乗して、犬を抱いて優雅に寛《くつろ》ぐ姿をアップして、「あんたは貴族か！」と国民感情を逆なでしたのも、どう考えても周りのスタッフの責任でしょう。

家にいたくても、食うために働きに出なければならない人もいました。首相には、寛ぐ姿ではなく、ウイルスと戦う姿勢を見せてほしかったものです。

リーダーとしての言葉ってほんまに大事やで！

安倍首相の発言には、ある意味で「鈍感力」も必要だったのかもしれません。昔の小泉純一郎元首相みたいに短い言葉で「入国制限なくしては国民の命は守れない」とか言って他国からの入国をストップさせていたら、その後に世界中で感染者数が爆発的に増えて死亡者数が増えても、日本は早めの対策が功を奏したということになっていたのではないでしょうか。「たられば」なんですけれども。

今回のような緊急時こそ、言葉はシンプルなほうが伝わりますし、強いリーダー感も出たと思います。「外に出たらあかん！」みたいな。

例えば、アメリカのニューヨークではメチャメチャ人が亡くなってるのに、ニューヨーク州のアンドリュー・クオモ知事は、「私たちには乗り越えられる力があるのです。いかに私たちに力があるのか見せてやりましょう」と、記者会見で連日、住民を勇気付けるメッセージを自分の言葉で訴えていました。確実に住民の心に届く言葉だったようで、ニューヨークの人たちの信頼を勝ち取っています。

とはいえ、人気は上がってるけど、感染率、致死率も上がってるやないかい！　日本だったら「口ばっかりで患者減ってないやん。辞めたほうがええんちゃうか！」と責任を追及されるでしょうね。ただ、表現の違いだけでこんなにリーダーとしてのイメージが違うのかと驚きます。

安倍首相には、自分の心が相手に届くようなシンプルな言葉を届けてほしかった。

「緊急事態宣言」の時も、「自粛はやむなしです。その代わり、皆さんが心配する経済面では国が全面的にバックアップしますので、足らんとこあるけども皆さん協力して、このウイルス、見えない敵と闘っていきましょう」だけでもよかったんじゃないでしょうか。テレビのコメンテーターとかジャーナリストとかいう人らは「寄り添う言葉がなかった」とか言うてましたけど、「みんなで一緒に耐えましょう」とか「頑張りましょう」っていうのが「寄り添う言葉」だとしたら、そんな精神論いらへんけどね。

ただ、普通の国民というか、ウチのオカンみたいな人間らはそういう安心感のある言葉があったら、それに沿って日々を過ごせる指針になったのかなとは思います。

WHOと中国、検察とマスコミと同じぐらいツーカーかな!?

日本がコロナ対策に遅れた一つの要因として、WHOの指針に素直に従いすぎたというところもあるでしょう。

ま、国際機関の指針に従うのは当たり前ですけども、そのすべてを信じていいのかっていうことはこれから考えていかなくてはいけません。国連にしてもユネスコにしても国際機関とはいえ、色眼鏡を掛けて見ていかないといけない部分もあると思います。

特にＷＨＯに関しては、テドロス・アドノム事務局長と中国のつながり……例えばテドロス氏の出身国のエチオピアを含めたアフリカに対して、中国が莫大な経済支援をしてることを見逃してはいけません。そのためにＷＨＯは中国に忖度《そんたく》して言いなりで、中国のせいにならないように「パンデミックだ」だとは宣言せずに、ただひたすら被害を少なく見せようとしてきたとも言われています。

ＷＨＯとテドロス氏の発言を振り返ると、「中国で発生しているウイルスは世界的な脅威ではない」、「パンデミックではない」、「マスクは必要ない」、「人から人へは感染しない」、「中国の対策は完璧だ」などなど、とても世界の人々の健康を守っていく国際機関とは思えないトンデモ発言の連続でした。

しかも、ＷＨＯは「マスクなんか必要ない」って最初のうちは言うてたのに、中国が大量生産できるようになったら「マスクは必要だ」と、あからさまに対策を変えたように見えます。トランプ大統領が怒るのも無理はないですわ。

もうツーカーやで、WHOと中国。検察とマスコミと同じぐらい、ツーカーでっせ。

河井克行・案里議員夫妻が選挙違反の疑いで捕まった時、なんであんなにメディアが集まってその瞬間を撮影できますの？　ツーカーや、そんなん。

「政権と検察がずぶずぶだ！」って非難する前に、そもそもマスコミと検察、警察がツーカーだってこと。恥ずかしくないのかなとか思いますよ、「ジャーナリズム」なんて偉そうに言いながら、一緒に賭けマージャンやって、足代も出して。ちゃいますか？

芸能人が「仕事ない。補償してくれ」って……最後でええわ！

コロナ禍により各地で休業要請が出されたことで、ボクに限らず仕事が激減した人も多かったことでしょう。ただ、世間を見てて驚いたのが、なんで2か月、3か月くらい仕事がないくらいで生活できないなんて泣き言をいうのかなってこと。「貯蓄も何もない。補償してくれ！」「国は何をしてるんだ！」って、キミらは今まで何をしてきてたんと聞きたいですわ。『アリとキリギリス』と一緒やな。

この6月にボクは57歳になりましたけど、一般の同年代のサラリーマンの方よりちょっともらってるぐらいで、別に高額納税者でも何でもありません。

しかも、家族5人で生活してますけども、ほんまに贅沢せえへんかったら、しばらくは生きていけます。水ものの仕事ですから、そもそも蓄えはちゃんと持っとかなあかんと思って、貯蓄に励みながら備えてきました。だから、「補償しろ！」「金をくれ！」って、世間があまりにもうるさすぎるなって感じました。芸人がお金を貯めてるっていうのも、なんかお恥ずかしいですが（笑）。

特に、芸能人なんかが「補償しろ！」と言うのは間違ってますよ。いやいや、もしもらうにしても、**ボクら芸能人の補償は一番最後でいいでしょ**。なんでかっていったら、ボクらは人から頼まれてやってる仕事ではなく、好きでやってる仕事だからです。

仕事がなくなって死んでも仕方がない商売やねん。その覚悟なかったの？ 収入に安定を求めるなら、芸能人を辞めて勉強してサラリーマンになったらええがな。サラリーマンも芸能界以上に大変なお仕事やけどね。

そもそも好きでお笑いやってんやろ？　好きで文化人やってんやろ？　映画も舞台もそうでしょ？　それなのに「補償しろ」って……。

ボクらみたいな仕事は、言葉としてはコンプライアンス的に問題あるかもしれませんが「日銭商売」です。映画『男はつらいよ』のフーテンの寅さんみたいなもんでしょ。

もちろん、今は日銭商売でも浮世稼業でも倫理観をちゃんと持たないといけない時代ですが……なんやねん、自粛中に不倫しとるやつは！　多目的トイレで濃厚接触しとる場合ちゃうで、ほんまに（笑）！

こんな時こそ、苦しんでる人たちを盛り上げて元気を与えるのがお笑いの役目のはずですが、今回は感染症やから身動きができません。震災や自然災害だったら現場に行ってできることもありますけど、ウイルスは移したらあかんし、移ってもあかんので、残念ですわ。吉本も劇場のオンライン配信とか頑張ってますけどね。

とにかく、そうした補償うんぬんよりも、新型コロナで仕事に行かれない、あるいは仕事自体がなくなって家計が回らなくなり、**自殺者が増えるほうが怖いなとボクは思っ**

てます。実は自殺者数と失業率というのは連動しているので、今年は自殺者数が激増しそうで心配ですわ。統計が出るのはまだ先のことですが、この予想は外れてほしいわ。ただ、蓄えを地道に作ってきた「アリ」よりも、日々の食費や光熱費、家賃が払えなくなる「キリギリス」が多かったということでしょうか。政府が給付金を支給することにしたのは知ってのとおり。4月10日の時点では世帯主の収入が減った家庭に「一世帯30万円」を支払うとしてましたが、「住民税が非課税になる水準まで減っている月がある場合」などと受給要件が複雑でわかりにくいこと、対象者が少ないこと、そして基準の判定から給付まで時間がかかるであろうことなどから不満の声が高まりました。

　そんで、安倍首相が「全国民に一律10万円を給付する」とどんでん返ししたのが4月16日のこと。世間的には公明党の山口那津男《なつお》代表に押し切られたと思われていますが、そもそも安倍首相ははじめから「全国民に10万円」と言うてたらしいんですよね。でも、「減収世帯に限って現金30万円を給付するほうが予算的に安くなる」という勢力に丸め込まれていたのが真相のようです。

　結局、全国民に10万円の給付金はよかったんじゃないですかね。なおかつ、減収世帯には30万円の給付も同時にやってあげたらなおよかったと思いますけど。

マイナンバー反対派は「給付金が遅い」と言うたらダメ！

安倍首相が「全国民に一律10万円給付します」と言ったのが4月16日。地域差はかなりありましたが、ようやく6月後半くらいにはだいたいは入金されたようです。都市部では8月9月にズレ込んでる地域もあるみたいやけど。

この経緯に対しても、やっぱり「遅い！」という不満が漏れました。マスコミも騒いでたね。ただ、日本の場合、国民一人ひとりにお金を配るようなシステムがないから、自治体ごとで差が出るのはしょうがありません。

もし「もっと早くしろ！」というのだったら、**「マイナンバーカードを全国民が保有しろ」という話になってきます**。その議論をせずに、「他国の給付は早かった」とか、「経産省と電通がずぶずぶで中抜きした」とか、そんなことばっかり報道してました。

お隣の韓国では、マイナンバーカードに「パスポート」「出入国記録」「携帯電話」

「銀行口座」「クレジットカード」「医療保険」「診察券」「国民年金」「戸籍」「住民票」「徴兵の記録」などが紐付けられています。しかもデジタル化が進んでいたから早い給付が可能だったということもちゃんと報道するべきでしょう。

日本では、手書きの申請書に銀行カードと運転免許証などのコピーを貼って、封筒に入れて自治体に送り返し、受け取った自治体側も手作業で書類をチェックして入金というアナログの世界でした。

ただし、一部自治体ではマイナンバーカード制度も機能しなくて、電子申請よりも手書きのほうが早いとか、マイナンバーによる申請受付をやめたところもあったのは、お粗末としかいいようがありませんが。

いずれにせよ、**マイナンバーカード導入に対して「個人情報の漏洩《ろうえい》が心配」だと反対してた人は、「給付金の入金が遅い」と文句を言うたらあきません。**

「アメリカでは決まってから4日後に入金があった」って言う人もいますが、アメリカには銀行口座と紐付いた「社会保障番号」が機能していたり、会社員であっても毎年確定申告をするなど、日本とはそもそもシステムが違います。

日本でもマイナンバーを銀行口座に紐付けておけばこういう時に役立つし、そもそもは脱税をできないようにするのが狙いの一つなんですから、まっとうに暮らしていれば何の問題もない制度ではないでしょうか。他国ではやっているのに、日本ではやれていない――きちんと考え直すいい機会になればいいんですけど。

こう言うと、「個人情報ガー」「監視社会ガー」と言い出す人が多いでしょうけど、その人らに「あなたたち、近所のスーパーやドラッグストア、家電量販店なんかでポイントカード作ってないんか？　普段あんたが何買って何食ってるかダダ漏れやで。企業に情報を渡すのは平気で、国に渡すのは嫌なんかい！　企業が集めた顧客データが漏洩してる例なんてぎょうさんあるのにいいんかい⁉」って聞いてみたいですわ。

マイナンバーカードが嫌やっていうのなら、それはそれでいいですけども、それなら「給付が遅い」なんて文句を言ってはいけません。

報道するメディアも「諸外国は早かった」っていうのなら、システムの違いにもちゃんと言及しないとフェアじゃないと思います。

外国では国がしっかり個人情報を握っているという仕組みを言わないと、情報弱者の方、テレビだけ見てるような方たちは、「ほんまに日本って、国、政府がダメだな」って思ってしまいますよ。

例えば、以前は路上カメラ、防犯カメラも「監視社会だ」「人権侵害だ」という声もあってなかなか設置が進みませんでしたが、凶悪事件や突発的な事故が防犯カメラの映像から解決するようになってくると、今ではそんなこと言う人もいなくなりました。

これを機にマイナンバーと健康保険も運転免許証も紐付けたらよろしいがな。ただし、持ってる銀行の全口座に紐付ける必要はないと思います。例えば、国民全員がゆうちょ銀行に口座を持っていただいて、それを国からの支給を受けるための口座にするというのでもいいと思います。

もし脱税を防ぐという観点に立つならば、金融機関との紐付けは義務化するとか、そこはもっと議論をしたらいいと思います。

いずれにしろ、いつまでもこんなんアナログでやってられへんから、銀行口座との紐付けはしないといけないでしょう。コロナの感染拡大がいつ収束するか、まだわからへんから、準備だけはしておかないとね。

給付金と電通問題、叩いても何も出てけえへんよ

新型コロナウイルスの問題で収入が減った中小企業などに最大200万円を払う「持続化給付金」に関しても、マスコミによって疑惑が作られている感じがします。

この持続化給付金の事業を委託されたのが、「サービスデザイン推進協議会」という、いかにも官僚が考えましたって名前の団体(笑)。ここに769億円が払われて、20億円抜いた後にさらに電通などに再委託されていたことが問題とされました。

「20億円もの税金が『中抜き』された」って騒いでますけど、率としては2・6%やから全然問題じゃないと言う人もいます。内訳としては15億円ぐらいが金融機関への振込手数料で、1億2000万円ぐらいが人件費、ほんであと消費税とか。金融機関は振込手数料がなかったらATMの管理もできないわけですからしゃあないです。

ほんで、「再委託されたのが電通だ」と鬼の首を取ったように言うてますけど、電通としては儲からないからこの仕事は本当はやりたくないわけですよ。電通がまた下請けに振っていかなければいけないというのは面倒くさいだけで。

電通がどうして引き受けたかというたら、経産省とのつながりを持っていたほうが仕事をもらえるから。おそらくただそれだけのことでしょう。

マスコミやリベラル派は経済産業省の外局である中小企業庁の前田泰宏長官主催の「前田ハウス」でのパーティまで持ち出して、経産省の最高幹部と電通やサービスデザイン推進協議会の怪しい関係を暴こうとしてますけど、なんぼ叩いても絶対何も出てこないと思います。実際にこの手の報道、めっきり見なくなったでしょ？

経産省の持続化給付金の事業は期間が短いので、それ専門の部署を作ったら人件費がかさむだけです。外注化の流れは不自然ではありません。

また、経産省内での高評価を示す「A評価」の会社ではなく、低い「C評価」だったサービスデザイン推進協議会が落札したことが判明して、またいろいろ騒がれましたが、騒ぐ前にちゃんと調べてほしいものです。この仕事に関しては、A評価の会社では、書類で処理するために給付金を配るまで2か月かかるということでNGになったんですよ。サービスデザイン推進協議会はC評価でしたけど、電子化で処理できるから第一次補正予算分では選ばれたという経緯があったんです。

そもそも経産省のAとかCとかの評価は、資本金の規模や従業員の数とかで区分していただけのこと。そのこともちゃんとマスコミで放送すればいいのですが、取り上げた番組はわずか。だから、今回の件はまったく問題ないらしいです。

だいたい電通にしても、利益で考えたら本来の広告代理店の仕事ではありませんから。今回の件をダメだと言うのだったら、テレビ局だって制作会社に委託したらあかんでっていう話なんです。この件はマスコミにブーメランとして返ってきまっせ。

うさん臭さでいえば、政府の「GoToキャンペーン事業」のほう。委託費が総事業費の約2割にあたる3095億円は巨額過ぎると野党から批判されたら、すぐにやり直しましたから、後ろめたいことがあるのでしょう。

でもね、ボクはキャンペーン自体は反対ではありません。急いでやることに反対なんです。東京差別も生みかねないし、観光業界が〝今〟を生き延びるために予備費から直接的に支援する議論も必要なんちゃうかな。

いずれにせよ、布マスクの全戸配布にしても、給付金や各種補助金の振込にしても、国民の不満が高まったのは、安倍首相だけじゃなくて、管轄している大臣の責任もあると思いますよ。大臣のデキの良さ、悪さが出たのとちゃいますか。

USBを知らんおっちゃんをサイバー大臣にする日本と台湾との差

新型コロナ対策は、安倍首相も含めてかもしれませんけど、大臣たちが役人に手のひらで回されてますね、くるっくる。それに比べたら台湾の対策は素晴らしかったわー。

特に、台湾国内の薬局にあるマスクの在庫データをインターネット上に公開する「マスク・マップ」の普及を進めるなど、見事にテクノロジーを活用。そんな危機管理を主導したＩＴ担当大臣のオードリー・タンさん、スゴかったです。

ＩＱ１８０と言われる天才で、山下達郎さん似の方なんですけど、一歩間違うたらサイバーテロをやってもおかしない人やからね（笑）。**そのぐらい危険な切れ者を４年も前から大臣に据えられる台湾の度量の広さも立派です。**

国家的な危機に対しても、何の制約も受けずに、たぶんゲーム感覚で対処法を考えていったと思いますよ。日本もそういう人らを上手いこと使《つこ》うていかないけません。

もし日本でホリエモン的な人が大臣になっても、省庁間の縄張り意識や足の引っ張り合い、いつまで経っても改善されない古臭い慣習なんかに嫌気がさして、半年も持たないと思いますけど。その点、台湾は大なたを振るって、ＩＱの高いその道の専門家に国の行く末を任せました。数年前ですけど、**日本ではパソコンを使ったことがなく、USBも知らないおっちゃんをサイバーセキュリティ担当大臣にしましたからね**。あの人がこのコロナ禍で大臣やってたらと思うとゾッとします。

当の本人は「（この時期に大臣をやっていたら）大変ですね」、「（地元の支援者から）『東京で頑張ってくれよ、地元には帰ってこなくていいからね』と、激励とも、ちょっと嫌みみたいに聞こえますよね」と、他人事のように笑いを取ってますが。大丈夫か？

自民党の人たちも、この人にサイバーセキュリティなんかできないのはわかり切っていたはずなのに、なんでそんな人事をするんでしょうね。順番やら論功行賞やらで大臣にするのはもうやめてほしいわ。こんな人をサイバー担当大臣にするから、「国に個人情報渡したらとんでもないことになる」と思われるのではないでしょうか。

もしかしたら、こういう人らが難なく当選してしまう選挙制度の見直し、小選挙区の見直しも必要かもしれません。与野党関係なしに有権者がちゃんとした政治家を選ぶためには、ネット投票もやっていかないといけないと思います。そうでないと、いつまで経ってもおじいちゃん議員、二世議員が通るシステムのままですから、日本の政治は変わりません。この意見に反対するのであれば、自分がそういう政治家であると公言するようなもの。政治家の選挙改革の言葉には注視していきましょう。

今回のコロナ騒動は、選挙改革のチャンスでもあると思うんですよ。次に新型コロナの第三波、第四波が来た時に、総選挙などと時期がかぶるかもしれません。その時に、家のパソコンかスマホで投票できるようにすることが急務じゃないでしょうか。

物理的に離れていても社会活動に参加できるという、それがほんまの「ソーシャル・ディスタンス」ちゃいますのん？

ありがたい休業協力金やけど、もっとシンプルでええやん

知らない人もいてるかもしれませんが、ボクは湘南でたこ焼き屋をやってます。え、

売上でっか？　この新型コロナウイルスのせいで60％減ですわ。家賃が払うのがやっとで、従業員の給料はボクの持ち出しです。まあ、当然の危機管理やけど、しんどいで。

さいわい、神奈川県にも休業要請に応じた協力金の制度があったので、それに申請したんですが、まぁこれが細かくて。提出した書類も「酒類の提供時間が何時までかがわからない」から不備だと言われ、「いやいや、書いたがな。ていうか、酒を出してないから。この間、ずっとテイクアウトだけやから」って電話で言うたんですけども、担当の方もいまひとつわからないみたいで、しまいには「取りあえずファクスで書類を送り直してくれ」って……このご時世にファクス？　最初の申し込みは電子化で申請できたんですけど、不備があるところは手書きでもいいから証明になるものをファクスでって、ビックリです。

政府も何かと「議事録なし」でペーパーレス化を進めてるんやから（笑）、お役所もデジタル化を進めてくれたら、もっとスピード感のある対応もできたでしょうね。

うちの場合、ありがたいことに県と市で協力金を出してくれるというんですけど、県の審査が下りないと市の審査も下りません。こうした協力金や補助金、給付金の入金が家賃引き落としの日や、社員の給料日に間に合わないと店をたたむしかないというところもすでに全国各地で出てきているので、給付は手続きを複雑にせずに、緩めにしてスピードを優先すべきです。

そして、後から確定申告などで厳しくチェックして、不正があったら倍返ししてもらうとかの方法もあったのではないでしょうか。

国や自治体が支援してくれるというのに、提出しなければならない書類が多くて手続きも複雑、しかも審査に時間がかかって給付が遅くなってしまうというのであれば、せっかくの厚意がムダになる恐れがあります。もっとシンプルにできないんでしょうかね。

具体的には、月々の家賃や人件費、仕込み代などを計算して損益を出して、そこまでは補助するというやり方はどうでしょう。

例えばウチの店では50万円が月の平均の損益分岐点とします。売上が50万円でトントンですが、それを割り込んでしまった場合、そのマイナス分の面倒を見てくれるような制度です。4月は客足がばったりなくなって売上が10万円、5月はややお客さんが戻ってきて売上が40万円になったケースだったら、それぞれ40万円、10万円の計50万円を給付してもらうというやり方です。

経営者としては利益がゼロですが、家賃や人件費はまかなえるので、持ち出しする必要がなくなり、店をつぶす心配からはひとまず解放されます。従業員も給料が減る心配をしなくて済むので、いいこと尽くめです。

国民に対しては、現金給付一辺倒ではなくて、例えば水道・電気・ガスなどの公共料金は国が面倒を見るようにするとか、家賃は一律30％面倒見るとか、なんぼでも効果的なやり方はあります。

ただ、ボクはメッチャ楽観的な人間ですから、たこ焼き屋を絶対に盛り返すと誓っております。V字回復とはいかへんけど、時間をかけてU字回復かな……。

人間が自然界に何か悪いことをしたのかわかりませんけど、今回の新型コロナはある意味で傲慢になった人間へのお仕置きかもしれません。自然相手に怒ったり悲観的になってもしょうがないので、くじけずに頑張って、前向きに知恵を出してやっていくしかないですね。

国の借金が増えて大変？　それってほんまのことなの？

今回のように補正予算を組んで国が大盤振る舞いをすると、必ず「国の借金が増えて困る」、「消費税を上げて返していかな」という声が上がります。

あえて言うとくけど、そんなことないですからね。

日本は通貨発行権のある国なんです。お金が足りなければ刷ればいいだけの話です。「国債発行残高（国の借金）が１０００兆円あって大変だ！」といいますけど、じゃあ誰からお金を借りてるんですか？

今、注目されている「ＭＭＴ理論（現代貨幣理論）」から見れば、結局、政府が政府にお金を貸しているだけ。ボクら国民が借金してるわけじゃなくて、日銀の借金です。**逆にボクらの資産、お金を貸してるんです**。だから借金なんて怖くないんですよ。ま、日銀が破産しない限りっていう条件が付きますが。

そもそも、ここ20～30年くらい日本はずっとデフレですから、国民に10万円20万円配ったってインフレになんかなりません。あと５００兆円ぐらいお金を刷ったらハイパーインフレになるかもわかりませんけども、全然まだまだいけるでしょ。

「増税」と「財政の健全化（＝緊縮財政）」が大好きな財務省が、自ら「国の借金で大変だ大変だ！」と言うてきましたが、そんなん自分らの責任やで。国民は真面目に働いて納税しとるがな。

ほんで、マスコミも財務省の言うことを検証もせずに一緒に「大変だ大変だ！」と報道するから、どんなに景気が悪くなっても、「消費税上げげんとしょうがないやろ」と国民は増税には大きな反対をしません。

物わかりがよすぎるやろ！　まさか政府や財務省、マスコミがウソをつくとは思うてへんからね、高齢者になるほど。

これからも国債は発行して全然いいと思います。しかも、今は超低金利時代やから、借金しても利子がメッチャ少なく済むんです。だからもっと国債を発行して、困ってる人らにお金を配ったらいいんです。家賃補助でも公共料金補助でも構いません。

そうしたらマスコミがまた「子どもたちや孫たちに借金を先送りにされる」「だから消費増税には我慢しよう」って言うと思いますよ。

ちょっと待ってや！　ボクら、じいちゃん、ひいじいちゃんの借金、払ってます？払ってないでしょう。国債なんて前貸しなんですから。ふざけんなって言いたいわ。ほんで、借金って死んだらチャラになるのよ、申し訳ないけど。

日本の場合、借金してるっていっても海外から借りてるのって1％ぐらいでしょう。ほんで国民の預貯金は１８４５兆円（２０２０年3月末の家計の金融資産）もあるわけです。だから、いくら借金しても全然平気の無双状態やから、こういう時にこそ政府が大なたを振るってバンバン給付をしてくれたら面白いと思いますけどね。

コロナ禍で世界に誇るべき日本人の国民性を発揮！

今回の新型コロナウイルス、まだ終息したわけじゃないから総括するには早すぎますけど、この半年間見てきて、「やっぱり日本人ってスゴいな」とボクは思いました。ちゃんと自粛して、耐えるところは耐えてね。

アメリカでは黒人差別問題から各地で暴動が発生しましたが、きっかけとなったような事件はこれまでにも何度もありました。なんで今回は暴動まで発生したかというと、やっぱり新型コロナ問題を通してアメリカ社会の差別・格差問題が浮き彫りとなって、マイノリティ層の積もりに積もった不満が爆発したんでしょう。

そうした前提が違うかもしれませんけど、日本では東日本大震災が起きた時でも暴動や略奪なんてなかったじゃないですか。麻生太郎副総理じゃないけど、やっぱり「民度が違う」と思います。あえて言いますけど。

ボクも大好きなサーフィンを自粛してましたが、本来、サーフィンって「3密」じゃないからね。屋外だし、海風があるし、自分も動いてるし、サーファー同士も2メートルぐらいの距離を開けておかないとぶつかってケガしてしまいます。

「非常事態の中なのに、海にはサーファーがいっぱいです」

「湘南の海には他県のナンバーの車が押し寄せています」

サーフィンをやったことがない人がテレビの映像で何度も見せられるとそう思うかもしれませんが、あんなの印象操作です。

だから、ボクは6月に緊急事態宣言が解けてすぐ、サーフィンに行きましたよ。ちゃんと他都道府県への移動がＯＫになってからね。

自粛期間中のパチンコもえらいやり玉に挙がりましたが、あれは「自分は遊びたいのを我慢しているのに、アイツらだけ好き勝手しよって」、「こんな大変な時に朝から並んでけしからん！」っていう妬みや思い込みからでしょう。

たしかに、パチンコっていうのは大金《たいきん》を遣いますから非常事態の中、行ってけしからんと思う気持ちもわからなくはありません。

でも、実はパチンコ屋ってもともと受動喫煙が問題になっていたこともあって、改正健康増進法やら条例やらで空調や換気に気を遣っているから、店内の空気はすごくきれいになっています。しかも、パチンコをやってる時は人としゃべることもないので、本来はＯＫでしょう。イメージだけで責められてたね。**そもそも、海やパチンコ屋でクラスターは発生してないでしょ。**

実際のところ、非常事態の中でサーフィンに行った人もパチンコに行った人もほんのごく一部。強制力がない自粛をゴールデンウィーク中も続けて、コロナの拡大をこれだけ抑え込めたのは、他の国にはできることではありません。

ゆる〜い「独裁」が容認されないと緊急事態に対処できへんで

日本の民度の高さと表裏一体で、行きすぎた「自粛警察」も登場しました。休業していない店舗などに休業を促す張り紙をしたり、通報したりする自警団気取りの輩《やから》ですけど、その人らが自粛せずに外出してるからそれができるんでしょ。だから、自粛警察を取り締まる「自粛警察警察」も出てくるんちゃうかなと期待しましたけど（笑）。

さっきも書きましたが、動機は妬みでしょうね。「オレは我慢してるのに、おまえらそんなんしやがって」っていう。もう話にならん。

仮に国なり自治体なりの強制力があって、「飲食店もパチンコ屋も禁止」とされているなら、営業している店に「閉めろ！」というのだったらまだわかります。でも、「自粛」であって強制力はありませんからね。

国からの強制力があって、しかも休業補償をしっかりしてくれるなら、店だって営業しないし、自粛警察も登場することはなかったと思います。

そうした毅然とした対策を政府が取れなかったのは、**日本には緊急事態に対応する憲**

法（緊急事態条項）がないことが原因でしょう。それに、人権尊重もちょっといきすぎてるし、政策も民意によって流されるところもあります。

このままだと、どっかから日本の国土にミサイルが撃ち込まれた時、総理大臣命令で住民を避難させることすらできません。「憲法9条がある！」、「政府の言うことは信用できへん！」、「上から目線で命令すんな！」――そんなことを言っても、ミサイルは空中で止まってくれるわけではありませんからね。

こうした背景から、ボクは日本に求められるリーダー像として、トップダウンで国を動かせるような、ある意味で強制力を持った「独裁者」が理想だと思っています。あくまでも民主主義ではあるんですが、ある程度強引なこともしなければ緊急事態に対処できないので、ゆる〜い独裁国家がいいのではないでしょうか。

前著の『日本のミカタ』では、外国からの武力攻撃を緊急事態と想定して同様のことを書いてますが、今回の新型コロナウイルスみたいなパンデミックや、大地震や台風などの災害時にこそ強いリーダーシップ、ゆるやかな独裁や強制力が必要だと痛感しました。理想のイメージとしては、ボクが尊敬する本田宗一郎さんみたいなリーダーです。

ゆる〜い強制力に必要なもの——そのひとつが「軍隊」です。自衛隊の存在を認めることで、「ほんまの緊急事態でもこの国を守れまっせ」っていうことを内外に示せるはずです。決して、「武力で国民を押さえつける」という意味ではありません。

日本ではアレルギーが強いので、語る人自体が少ないですが、別に特別な存在ではありません。日本以外の国、軍隊を持ってるじゃないですか。ご近所さんの中国、北朝鮮、韓国、ロシアはもちろん、同じアジアのフィリピンやベトナム、インドネシア、タイ、ミャンマー、それからシンガポールもブルネイも持ってます。同じ敗戦国のイタリア、ドイツだって持ってますよね。日本の近くでは、パラオとかミクロネシア連邦、マーシャル諸島くらいですよ、軍隊を持っていないのは（市民が米軍兵士に採用されますが）。

いくら日本国民の民度が高いからっていうても、一定数は政府の言うことを聞きません。東日本大震災の時や今回はどうにか乗り越えましたけど、民度の高さに甘えてたらいけないと思います。非常時には取り締まりも大切な国防の一環です。

近隣諸国が軍事的野心を露わにして日本に食指を伸ばし、国内でも新型ウイルスのほかに豪雨災害をはじめ台風や地震の危機にもさらされています。現行憲法では自衛隊の位置づけはあやふやですし、非常事態に強制力を伴った国からの指示もできません。

敗戦国という理由で、**75年も前にアメリカに植え付けられた憲法がもう限界に来ていることの検証は必要です。**

「コイツら、二度と歯向かって来いへんように絶対フヌケにせなあかん」っていう憲法にされたのが戦後教育の基本となって、日本国民がこれまで平和を享受できたのは事実です。この憲法を守って、いろんな先人たちが平和という種を植え、水をあげて、花を咲かせて、民度だけで何とか災害や危機を乗り越えられる国にはなりました。

でも、次にもっとでかい危機が来たらもう対処は無理。敵は新型コロナだけじゃありません。これを機に憲法を見直す議論も必要ではないでしょうか？

のんきもええけど、危機管理の意識を高めなあかん

アメリカでは4月下旬の時点で、新型コロナウイルスによる死者数がベトナム戦争で戦死した兵隊の数（5万8220人）を上回りました。その後、5月下旬には10万人を

突破して、6月16日には11万6854人となり、第一次世界大戦の戦死者数（11万6708人）をも超えています。そして8月17日現在では17万2086人と大変なことになっています。この数字が感染者数やないからね。たった半年そこらでこの死者数は驚くべき数字です。

ご存知のように、アメリカには世界一の軍隊があるのに、なんでこんな数にまでなったかというと、それは「独裁」じゃないからです。国民の自由、経済のことを考えて、トランプ大統領も私権の制限には慎重です。

民主主義だからこそ、正直に死者数を公に出しているということもあるでしょう。だって、中国での死者数がほんまにたった4000人（8月17日現在で4634人）で済んだのかという疑問は残ります。しかも、5月中旬からお一人も犠牲者を出してないなんて、そんなことあるん？

日本に最初に来た中国発の新型コロナウイルスは致死率の低いアジア型で、その後アメリカで猛威を振るっているのが致死率の高いヨーロッパ型の新型コロナウイルスだったという可能性もありますが、トランプ大統領ですらマスクを嫌がるという文化的な違いや、日本と違って国民皆保険ではなく、高額な医療費を払いたくないためになるべく治療はしたくないという事情もあるようです。

アメリカでは強制力が伴う「ロックダウン」（都市封鎖）が実施されてこの数字ですから、日本みたく「なるべく外出しないようにお願いします」というレベルだったら、倍以上に死者が増えていたかもわからへんですね。

日本の緊急事態宣言はあくまでも「外に出ないでね」ってお願いでありながら、さっきも言ったように電車やバスは普通に動いてるっていう矛盾をはらんだものでした。ただ、あれはあれでショック療法でよかったとボクは思います。

「え、こんな平和な日本が緊急事態？　そんなこと宣言するほどの状況なん？」と危機的状況であることは伝わりましたし、イタリアとかの悲惨な映像も入ってきてましたからね。そこに真面目な国民性が功を奏しました。

特に、3月29日の志村けんさんの死が大きかった。亡くなったら最後に家族でも顔すら見ることができずに火葬される現実を知らされて……。その次の週ですからね、緊急事態宣言が出されたのは。

だから、そこは申し訳ないけど言わしてもらいますが、のんきなところは日本人のええところでもあるし悪いところでもあります。

例えば、シリアで戦争が起きて、子どものぎょうさんいる病院が空爆されても、ほとんどの日本人にとっては対岸の火事です。それが身近で起こらない限り他人事で、親身に考えようとするところに欠けています。その点では日本人だって民度は低いですよ。

明日は我が身です。常に危機管理の意識を持っておくべきです。

国が戦ってる時にお金のことでわあわあ言う人がいたらあかんで

この新型コロナウイルスの厄介なのは、感染した人間すべてが発症するわけじゃないところ。無症状の人、軽症の人が、特に若くて健康な人には多くて、それが知らず知らず感染を広めてしまっている原因となってます。

ＰＣＲ検査で陽性が出たとしても、熱も咳も味覚異常もない人は、家でじっとして、ほかの人と接触しないようにしていればええんちゃうかな。

それが、２月に感染者を乗せたダイヤモンド・プリンセス号が横浜にやって来た時、「感染症法」という法律に基づいて感染者全員をわざわざ船外の病院に入れてました。最初は「乗客の人ら、船内に閉じ込められて気の毒やな」くらいにみんな思ってましたけど、それは日本のお役人たちも同じだったんでしょうね。危機感の欠けた初動の対応の甘さが問題を長引かせたように思います。

厚生労働省が行って、見事に全滅しました。そんで、自衛隊が行ったら一発で解決！だから、厚労省やら経産省やらが出ていかないで、縦割り行政もやめて一本化して、防衛省が指揮を執って厚労省を動かすのが一番よかったと思います。**そこに経産省や財務省は入れたら絶対にあきません**。彼らはすぐ金のこと、予算のことを言いますから。

これ、世界の軍事の常識ですけど、戦争の時に財務省は関わらせてはいけません。「ちょっと弾を使いすぎやから節約して」とか言うたら、「おまえアホか！　戦争やってんねんで！」っていう話です。〝鉄の女〟ことイギリスのサッチャー首相は１９８２年のフォークランド紛争の時には、あえて財務大臣を内閣に入れませんでした。

今回は新型コロナウイルスとの戦いです。お金のことでわあわあ言う人がいたら話が前に進まんで。だとしたら、コロナ・ショックの経済対策諮問委員に「財政再建（緊縮）ガー」で有名な某大学の教授を入れたのは人選ミス。あの人、東日本大震災の時にも「復興増税を恒久的に」って言うてましたがな。何を言うとんねん！　実際、おっちゃんの提言が引き金となって復興特別税が導入されたという経緯があるがな。

財務省、今回もさらに増税したくてたまらんのでしょう。災害が起こったら増税、景気が上向きにならなくても増税って、いったい何がしたいのでしょうか。

それにあのおっちゃん、震災後の経済立て直しに実績があるならまだしも、まったく経済成長させてないからね。いまだに間違った緊縮財政の論文（著者たちも誤りを認めた）をもとに増税を主張しているみたいやから、困ったものです。大学の先生をやってはるのに、ＭＭＴ理論が理解できないんでしょうか。

コロナ対策で、期間限定で消費税ゼロがええんちゃう？

去年（19年）10月に消費税を10％に上げる前まで、安倍首相は「リーマン・ショック級の事態が起きたら増税しない」と言うてました。**今回のコロナ禍はリーマン・ショックに匹敵する事態やないんですか？** 景気刺激策として、消費税減税が一番いいと思いますけどね。コロナ対策として、野党は与党に消費税減税をもっと強く迫ってほしかったものです。

今回は新型コロナっていうよりも、去年の消費増税の影響でGDPが年率換算でマイナス7・1％ですからね。それってもうリーマン・ショック級です。内閣府が8月17日に発表した20年4月～6月までのGDPの実質の伸び率は、年率に換算してマイナス27・8％ですよ！ リーマン・ショック後の2009年1月から3月に記録した年率マイナス17・8％を超えて、最大の落ち込みになったんですから、消費税を5％に戻すとかしないといけないのが当然です。

野党第一党の立憲民主党はもともと消費税の減税には決して前向きじゃないんですけど、ここは政府に強く突き付けるべきでしたわ。そしたら株も少しは上がってたよ。

消費税を下げるのは実は簡単なんですよ、上げるよりね。ただ、コロナ対策でっていうのだったら、2年間やったら2年間、限定的に消費税をゼロにするか、5％にするかという議論があってもよかったのではとボクは思います。期間限定でゼロにして、最終的には5%とか。そもそも、1000万円の車と100円のペットボトルの水を買うのと、税金が同じ10%というのはおかしいでしょう。そういう感覚が政治家の方にはないのかなとか思うと残念です。

消費税といえば、須藤元気議員が立憲民主党から離党するっていうのもおかしな話で。あの人は議員を辞めないとダメです。だって、立憲民主党で比例代表で当選してるわけですから。これは与野党関係ない話でね。

「消費税減税って言ったら、なんでダメなんだ」って泣いてましたけど、いやいや、立憲の前身は消費増税を掲げてた党なんですよ。だったら最初から入るなって話やし、勉強してないから話にならん。スカタンなことをよう言うてるな。

でも減税の議論はせなあかん。例えば消費税を5%にした場合、税金が安くなった分、2人の人が同じ商品を買うようになれば合計で10%になるじゃないですか。今は景気が悪くて購買力が落ちて税収が減ってるんですから、消費を喚起するようなことをしなければいけません。**「消費税が高いから買うの我慢しよう」という消費にブレーキを掛け**

る気持ちをなくすのが大切です。

「消費税が10％では買わないけど、5％にしたら買う」という人が増えるのは間違いありません。つまり、消費税を安くして物をたくさん買ってもらったほうが税収は増えるし、企業としてもいいことでしょう。

新幹線だって、乗客が1人だけでも100人でも走るのは一緒ですけども、消費税を下げたら乗る人も増えるから、結果としてどっちが儲かるのかは明らかです。

心理的に財布のヒモもずいぶん緩んで、消費が増えていくと思うんですよね。「消費税が半分に？　じゃあもう1個買おうか」ってなるでしょ。

蓮舫さん。ボク、高卒やけど頑張ってますよ！

マスコミと一緒になって、野党は「感染症対策がなってない」、「お金の給付が遅い」、「電通と政府・官僚が癒着してる」と政府を叩いてます。

じゃあ、野党が政権を持っていたら、この問題をもっと楽に乗り越えられたんかというと、まるでそうとは思えません。東日本大震災の時にみんなそれがわかっているから、野党がいくら与党の揚げ足を取ったところで、支持率が上がることもないわけです。

中でも、参議院議員の蓮舫さんの「学校やめたら高卒ですよ。就職どうする?」という発言には驚きました。

アホですいません、ボク高卒ですから。高卒やったら就職できない、努力しても無駄だと思ってるんちゃうか。

本人曰《いわ》く、コロナのせいでバイトができず、帰省もできない大学生のことを心配しての発言らしいですが、これ、議員が言う言葉かいな? 与党の議員が言っていたら「学歴差別だ!」「責任を取って議員を辞めろ!」って騒ぐんやろな。

普段は「多様性を認め合う社会」なんて耳触りのいい言葉を抜かしてるくせに、まさにこういう時に本音が出るというか、常に思っているから口に出るんです。

彼女のところの党はもう政権は取れないのはわかってるから、与党の足さえ引っ張っときゃいいと考えてると思われても仕方がないで。

このコロナ禍の中、新宿二丁目で深夜に警察官に絡んで挑発して、「オレは国会議員だぞ！ ビビったただろう」と威圧したと報道された立憲民主党の石川大我《たいが》議員。「桜を見る会」で安倍首相に「説明責任を果たせ！」って詰め寄っていたのに、自分がまったく説明責任果たしてないやん。事実ならば、即、議員を辞めなさい！

緊急事態宣言が発令された後に、東京・歌舞伎町のセクシーキャバクラで遊んでた高井崇志議員。立憲民主党を除籍処分こそされましたが、この1か月ちょっと前には「総理の危機感のなさが国民の皆さんを不安にしている」、「せめて今後、会食を自粛される考えはありませんか」と国会で力説してはりましたよね。それが「犬になりたい」って……何やねん！ 旧民主党のお家芸、ブーメラン返しが見事に決まってます。

やってることは違いますけど、公職選挙法に違反したとされる河井克行・案里夫妻とある意味で同等やと思うんですよ。選挙の票をお金で買うっていうのはもちろんあかんけども、お巡りさんを挑発しておいて「オレは政治家や！」と威張りくさるのも、緊急事態宣言下で歌舞伎町の風俗店に行くのも、国会議員としてはみんなアウトやないかな。

ことあるごとに「（安倍首相に）任命責任を取れ」、「説明責任を果たせ」と言うてましたけど、自分の党の人間は辞職もさせません。あんたのところの党首にも責任はあるんじゃないのかいと思いますけどね。

やっぱり国会議員というのは、聖人君子じゃないといけません。議員になるからには、手足を縛られて、国民から常に監視されているという覚悟がなければダメでしょ。

ただ、聖人君子なんてなかなかいないですから、失敗するのはしょうがないですよ。だけど、与党議員は聖人君子で、野党議員はそうでなくてもいいってことにはならないからね。そこのスタンス、ダブルスタンダードがおかしいでしょ。

10年以上前の発言がブーメランで返ってくるなんて、ある意味スゴいで

コロナ禍で明るく楽しいニュースがない中で6月22日、スーパーコンピューター性能ランキングで日本の新型機『富岳《ふがく》』が世界一になったと報じられました。

旧民主党政権時代の事業仕分けで、スパコン開発を巡って「2位じゃダメなんでしょうか」という迷言を残した蓮舫さんのコメントに注目が集まったのは当然でしょう。

そしたら、「メディアが未だにコメントを、と言ってこられますが、中には議事録も

読んでおられない方も」とTwitterに投稿しよった。どうしてそんなに上から目線なんでしょう。間違いがあっても絶対に謝らないタイプですね。

共同通信の取材には「速度が世界一になったとしても、使い勝手が悪ければ使われない。スピードばかりにこだわる理由を問うた」と文書で回答してます。

「スピードがそんなに大切なんですか？」って……そりゃ大切やろ！　実際、『富岳』を活用して、理化学研究所は新型コロナウイルス感染症の治療薬の候補となりうる数十種類の物質をさっそく発見したと7月3日には発表してます。これぞスピードの大切さ。おたくの党こそ政策にスピード感ないのに、そんなことよう言えるな。

「仕分け」で思い出したけど、「消えた年金」はどこいってん？「霞が関の埋蔵金ありました」って言うてなかった？「ガソリン値下げ隊」はどうなりましたの？

それにしても、11年も前の発言がブーメランで戻ってくるなんてスゴいわ。解散のない参議院の議員というのも賢い選択です。いくらでも衆議院に鞍替《くらが》えするチャンスはあったのにね。周辺の待望論が高まっても都知事選にはかたくなに出なかったし。

ほんま、選挙の時だけですよ、ええこと言うのは。通ればもう、そんなもん忘れてるでしょうから。でも、あんたの支持者にも中卒、高卒の人もおるやろっちゅう話やねんけど、なのに学歴差別かい！ 「この国は学歴がないと就職できない」、「頑張っても無駄」みたいなことをあんたが言うのか。あんたのとこの党はそういう多様な人たちを尊重するんとちゃうんかいな？ 弱者に手を差し伸べるのちゃうんかいな？ 弱者救済とか平等とか、LGBTを差別するなとか調子よく口にするけど、結局、本音は全然違うことがわかりました。

野党の皆さん、ほんまは政権取ろうとは思ってないんとちゃう？

もし与党が権力にあぐらをかいて怠慢してるなら、野党は政権を奪取しにいかないといけないのは当然です。でも、与党はたしかにふがいないですけど、野党はただ難癖つけてるだけの現状があります。

「#検察庁法改正案に抗議します」にしても、野党の議員らは900万リツイートを「これは世論の声や」って。数字の計算できひんのかな、アカウントを複数持てるSN

Sの仕組みを理解してんのかな、彼ら彼女らは？ ボクと違って、いい大学を出てるんちゃうん？ それが「世論の声」というのだったら、あなたたちはとっくに政権を取ってるんじゃないですか。

コロナ対応への批判や検事長定年延長問題、河井夫妻の逮捕などがあって、さすがに与党、安倍首相の支持率が下がりましたが、一方で野党の支持率はまったく上がっていません。何なんですかね？ 今までであれば野党が「政権交代！」と息巻いているはずですが、まったくそんな気運は上がっていません。

これまでもそうでしたけど、野党、特に第一党である立憲民主党はたぶん政権を取ろうなんて思ってないはず。そう思われてもしゃあないで。

はっきり言って、政権運営できる能力はないし、政権を取ったとしても叩かれるのはわかってるから、ポーズだけ。外野から文句言ってるほうが楽なんでしょうね。枝野幸男代表としても、与党になるのはもう懲り懲りなんちゃうかな。

どうしてこういう状況になるのかといったら、これはボクの持論なんですけど、政権批判をして、にっちもさっちもいかないようにして政策を止めさせる力が働いているんじゃないのかなと思うんですよ。政策にしても、野党の「安倍さんが首相だから反対」なんて、そんなアホな主張はありません。例えばアメリカでは、共和党と民主党では政策は違うけれども、敵対してる国に対してだったら一枚岩になるじゃないですか。韓国だって、右も左も「反日」では一緒です。

でも、日本では一枚岩にはなりません。尖閣へ来ている船を武力で追っ払うというだけでも、真っ二つに分かれると思います。自国の領土を守ることに反対する国会議員って……意味わからん。だから、日本では二大政党はできないと思います。

香港における国家安全維持法に対しても、日本は与野党問わず非難決議を一緒に出すべきでした。むしろ、与党のほうが中国との貿易や国としてのお付き合いがあるから、遠慮があるでしょうから、そこは野党の突き上げどころのはずです。

「あなたたち何考えてるんですか？　この国は民主主義国家でしょう！　香港が一国二制度をなくして民主主義が死のうとしてるんですよ。だから日本は国として抗議をしないといけないんじゃないですか！」

こういう時こそ野党の方々が与党を攻めていかなければいけないと思うんですけど、

そんな動きは僕が見た限りありませんでしたね。こんな時に何？ 立憲民主と国民民主が合流新党を作るって？ 元の民主党に戻るだけやん。もう、どうでもええわ！

そんなことよりも、香港が気の毒やで～。ボクの芸名も「ほんこん」だから、ほんま気が気じゃないです。

選挙のために共産党と手を組む立憲民主党

新型コロナの感染拡大下で行われた今回の都知事選を見ても、野党の人らは長い展望を持っているとはとても思えません。ただ自分らが推した人間が通ればいいと、雲の流れや風の流れを読まずに目の前のことしか見てないんです。

少し引いて俯瞰《ふかん》で見るっていうことができてないんですよね。引いて見たら今、雲がどうやって流れてるか、雨雲があそこにあるからこの先は雨が降るなとかわかりますけど、野党の人らは雨雲があるのも気付いてないから、あっという間に土砂降りになって呑み込まれていきます。一回、サーフィンやってみいや。雨ぐらいわかるようになるで。

そういう意味では、まだ日本共産党のほうがブレずに我が道を行っています。流れを読めてないというか、そもそも読む気もないので、雨が降ろうが槍が降ろうが進んでいくのみです。

でも、日本の国民はほんまにどう思ってるんでしょうか、共産党さんのことを。共産主義の理念って私有財産制の廃止、暴力革命の方針の堅持、そして天皇制の否定ですよ。「中国の共産と日本の共産党は違う」って言いますが、名前を変える気はありません。

一番の問題は、国防に関する考え。**日本共産党の綱領《こうりょう》には「日米安保破棄、自衛隊縮小、非同盟」とありますが、どうやって日本と国民の命を守るの？** 日米安保を破棄するなら自衛隊を拡大せざるをえなくなりませんか。

「憲法第9条の完全実施（自衛隊の解消）を段階的に進めていく」って言ってますが、丸腰になっても9条があれば誰も攻めてこないとでも思ってるのでしょうか？　いやいや、尖閣諸島の周辺海域には100日以上連続で中国船が来てたやん。

百歩譲って、共産党は共産党のままでもいいとしましょう。共産主義に賛同する人がいても、思想の自由が保障されている日本国憲法の下では許されていますし、いろんな考えがあっていいと思います。ただ、ボクは考えが違うってことで。

問題なのは、将来の展望もなく、目先の選挙のためだけにそういう考えの人らと手を組むほかの野党です。立憲民主党の人らは本当にそれでいいのでしょうか。

選挙制度改革も憲法改正も議論して、若い世代に未来を託さな!

日本共産党は、今の日本を「アメリカ帝国主義の従属国」であるとして、日米安保廃止と「真の独立」を謳《うた》っています。

それができたら、ほんま気持ちええな。それなのに、共産党さんは「護憲」の立場を崩しません。NO自衛隊です。

なぜアメリカに押し付けられた憲法をこれだけ共産党さんは大事にするのか、そこがほんまに不思議です。「いや〜、ようできてるから」とか言うんかね。

戦後GHQに作られた憲法をいつまでもありがたがってる場合ではなくて、時代によって国際情勢も事情も変わりますから、当然、憲法に関してもタブーなき議論をしていかなければいけません。

本来であれば、政治体制の革命を目指す共産党は「革新」であり、日本の伝統を守るとする自民党が「保守」です。でも日本の若者は、改憲の議論をしようともしない共産党を頭の固く保守的な集団だと考えて、逆に憲法改正を目指す自民党を革新的な党だと考えています。オモロいネジれ現象やね。

これもネットの時代になって、テレビが過渡期に入ったということに通じてくる話です。信頼度の高かったテレビが必ずしも真実を報道するわけではないことが明らかになってきた一方、キワモノ扱いだったネットのほうが真実を報じて、しかも面白くなってきたことと無関係ではないのかもしれません。

現実として、隣国が日本の領土を不法占拠したり領海侵犯してきているのに、「日米安保破棄」「自衛隊縮小」「憲法9条堅持」を主張する政党の考えがほんまに受け入れられるのでしょうか。

今の時代にそぐわないといえば、わざわざ投票所に行って投票しなければいけないという選挙制度もそうです。若い子が選挙に行かないというのが歴然としてるじゃないですか。ネット投票になったら、高齢の候補者はもう当選しませんよ。

選挙の「供託金」も見直しが必要でしょう。国会議員に立候補するだけで300万円が必要だというのは高すぎます。投票数によって没収される額は変わってくるといっても、今のままではお金持ちしか立候補できません。今回、東京都知事選に出た人らも300万円を払ってます。

ほんまに志があって国のことを憂えてる人らがちゃんと立候補できる制度に変えていくべきで、そうなれば政治の世界ももっと健全化していくと思います。そういうふうな動きをボクらの世代がもっと推進して訴えていって、若い子らに託さないといけません。

もう少子化が進むばっかりで、この国はお年寄りばっかり。いざ外敵と戦わなくてはならない事態になったら、そんなもんすぐ負けまっせ。

自民党は結党の精神を忘れたんちゃうんか？

今回の新型コロナ騒動で、非常事態に国民の行動を制限できないという現行憲法の限界も見えてきました。野党がギャーギャー騒ごうとも、**与党である自由民主党は結党の原点である「憲法改正」議論に本気に取り組む時に来たと思います。**

その自民党が憲法改正の議論すら声高に言えないというのはおかしいことです。吉本興業がお笑いの仕事をやめたみたいなもんやで！

コロナもそうやけど、日本人の領土と命を守るという意味で考えると、当然、改憲を含めた議論が必要ということになります。

そんな中、安倍首相は「専守防衛」から一歩踏み込んで、敵のミサイル発射基地を攻撃して、発射を抑止する「敵基地攻撃能力」の保有を検討する意思を6月18日の記者会見で示しました。

この安保戦略の見直しは、地上配備型迎撃システム「イージス・アショア」配備計画の撤回に伴うものです。仮に配備が実現しても、敵ミサイルすべてを確実に撃ち落とすのは技術的に難しいことから、発射前に破壊するという考えに至るのは自然な流れです。それだけ北朝鮮の弾道ミサイルや中国の極超音速兵器などの技術が上がってきたという裏返しでもあるんでしょう。

イージス・アショアの配備が撤回されたのも、河野太郎防衛大臣は「迎撃ミサイルを発射後、ブースターを確実に演習場に落とすことができないため」と説明しましたが、専門家の先生たちによると、そんなのは当然わかっていたことで議論にすらならんと言うてます。

敵ミサイル撃墜のためにブースターがもし市街地に落ちたら数百人の犠牲が出るかもしれませんけど、核兵器を搭載しているミサイルに爆撃されたら、被害はそんなもんではききません。何十万人、何百万人もいっぺんに死ぬことを考えたら、まだブースターが落ちてきたほうが救われる命は多い。そこもちゃんと報道してほしいものです。

ブースターだけの問題なら、住民を避難させることも不可能ではないので、ほかに何か深い理由もありそうです。

イージス・アショアは陸上自衛隊の管轄でしたが、いったん中止にして、海上自衛隊に管轄を移すという話もあります。そんで、海にブースターを落とすためにもういっぺん計画を見直すことも出てくるかもしれません。

先に武器を取り上げるのが何で問題なん？

イージス・アショアの配備中止にともなって、憲法の範囲内で専守防衛を守ってきた日本が「敵基地攻撃能力」を持っていいのかどうかという議論がようやく起こっています。もしも飛んできたミサイルをイージス・アショアで１００％撃ち落とせるんだったら、特にこれまでと変えることはなかったと思います。

しかし、撃ち落とせないことがわかった以上、撃ってくる基地を叩くのは、これは別に先制攻撃でも何でもないと思います。「おまえ、人殺したらあかんで！」と言って、先に武器を取り上げるようなもんです。

ルパン三世の石川五右ェ門の斬鉄剣に例えるなら、飛んでくる物を切り落とすのが「拒否的抑止」（イージス・アショア）で、敵の武器その物をまっぷたつに斬るのが「懲罰的抑止」（敵地攻撃能力）。**つまり人は斬らへんのよ**。この例えは、番組でご一緒した時に軍事専門家の小《お》原《はら》凡《ぼん》司《じ》先生が発言されていて「わかりやすいなー」と思いました。

陸上イージス導入の総経費のうち１７８７億円は契約済みで、すでに１２５億円はアメリカに支払い済みだとか。だから、今後のことはやはり新政権の手腕……いや、決意にかかってくると思います。

憲法改正の議論もそうですが、新型コロナウイルス騒動を通してこの国が抱えるいろんな課題が見えてきました。

新型コロナのさらに大きな余波が来た場合、緊急事態時における強制力の有無の判断や、マイナンバーカード取得の義務化などは、その最たるものでしょう。新型コロナ対策も「専守防衛」だけじゃあきませんで！

バラバラやから「GoToトラベルキャンペーン」で差別が起きる

リーダーシップが足りないということでいえば、新型コロナが人から人に移ることがはっきりしていて、しかも感染が再拡大している中で、7月22日から「GoToトラベルキャンペーン」を強行したのは、政策がチグハグだってツッコまれてもしょうがないことでした。自粛なのかGoToなのか、どっちやりたいねんって。

だから、やっぱり財政出動するなり、まだ5兆円くらい残っている新型コロナウイルス対策の予備費を使うなりして、観光業に携わる人に補填《ほてん》してあげたらよかったんじゃないでしょうか。5兆円あれば3～4か月分は十分だって、『正義のミカタ』でご一緒している経済学者の高橋洋一先生も言うてました。

一連のＧｏＴｏキャンペーンでわかったのは、政府も国民も、都道府県も同じ方向を向いていかないといけないということ。今はバラバラすぎます。

例えば、外国が日本に攻めてきたとしたら、本来なら国を守るのに与党も野党も関係ないのに、この国は意見が分かれてしまいます。アメリカだって共和党と民主党が常にしのぎを削っていますが、対外国になったら一枚岩になるのに、どうして日本ではできないのでしょうか。

そもそも、与党の自民党の中でも何かようわからないことを言う人もいますので、この国の政治は何なんだろうなとため息ですわ。

今回のＧｏＴｏトラベルキャンペーンでは、東京を除外したことで「東京差別」みたいなことが起こりました。地方への東京からの旅行者に対する差別もそうですが、東京都民は他の道府県民と同じ税金を納めているのですから、**東京の人間だけを排除するというのもある意味で差別です**。

しかも、「旅行に行け」とキャンペーンを張っているのに、一方で「お盆の帰省は遠慮してください」というのは矛盾そのもの。政府内でも同じ方向を向けていません。与党も協調性がないなと思いますよ。

国民のほうも「政府が『旅行しろ』ってキャンペーンやってんねんから」って、なんかワケのわからない感染拡大の大義名分を与えられたし、帰省したらしたで地元の人から嫌がらせを受ける「帰省ハラスメント」が起きたり、ギスギスしています。

また国と地方自治体が歩調が合っていないのも目に付きます。そもそも、こんな緊急事態の場合、地方自治体だけに責任を持たしてはいけないと思います。感染が発生した都道府県だけの問題じゃないんですから。

もし、どこかの一つの県で感染症が拡大して、その県だけで流行ってる病気だったら国はどうするかといったら、当然、手を差し伸べることでしょう。その病気を県外に持ち出さないように対策を練るのが当然です。スポーツチームでたとえると、県はキャプテンで、国は監督。国が主導で感染症対策にあたる――こんな単純なこと、なんでできないんでしょうか。

安倍首相は頼りない大臣たちのせいで相当お疲れやったで

この夏、安倍首相は「国会を開かない」、「会見をしない」、「審議に出てこない」で「3つのない」と揶揄されていましたが、ほんまに安倍首相、ちょっと疲れたんちゃうかなとか思います。実際、コロナのことで1月の中旬からほとんど休みがなくて。そやのに、なんかようわからんタレントがテレビでまた「(年収の)4000万円に見合う働きをしてない」、「ちょっと小池(百合子東京都知事)さんに分けてあげたらいい」なんて抜かしよってな。

おいおい、安倍首相は2014年3月から給与の30%を返納してるんやで! 1200万円国庫に返しているから、年収は2800万円でしょう。これ、横浜市長の年収(約2700万円)と大して変わりない額です。

一国のリーダーとして命が狙われるかもわからない立場にいるのに、勉強不足のタレントからそんなふうに言われて、気の毒やで。しかも、そのタレント、「安倍さんの年収を調べてみたんです」と得意気に言ってるんですよね。全然ちゃうやないかい！だから、納税してるから何でも言ったらいいっていうものではないんですよ。テレビ番組という公共の場で発言するからには、もうちょい勉強しなければいけません。

首相として安倍さんは、もちろんコロナが最重要課題でありましたけど、九州の豪雨や尖閣に連日押し寄せる中国公船への対策など、やらなきゃいけないことが多岐にわたっていっぱいありました。相当お疲れだったことでしょう。

自民党の甘利明税制調査会長も8月16日のテレビ番組で、連続勤務となっている安倍首相の疲労蓄積を心配して、「ちょっと休んでもらいたい。責任感が強く、自分が休むことは罪だとの意識まで持っている」と述べてますから。実際、その翌日には慶應大病院で日帰り検査を受けてますから、体調も万全ではなかったのでしょう。

安倍首相と親しいという方からも聞きましたけど、やっぱり総理大臣って誰にも相談できないことを一人で抱えて、ほんまに孤独らしいですよ。

特に、19年9月に内閣改造を行って1カ月半で、主要閣僚の2人（菅原一秀経済産業相と河井克行法務省）が相次いで辞任したことが大きなダメージを残しました。

あの2人はともに自民党無派閥で、菅義偉官房長官と親しい間柄にあって、菅さんの後押しで初入閣したと見られています。二人の辞任によって、安倍首相と菅さんが疎遠になったらしいので、ますます孤独になっていったところに新型コロナです。

その前に、19年5月9日から4日間、菅さんがアメリカを訪問しています。本来、「総理の女房役」といわれる官房長官は、基本的に東京を離れてはいけない役職です。それにもかかわらず訪米したということは、アメリカは次期総理大臣を菅さんだってにらんでいるということを示してます。

安倍首相としては岸田文雄政調会長に次を任せたいという思いがあるはずです。でも、その岸田さんがいまいちコロナ対策ではパッとせえへんから、元気ないのはそのせいもあるのではないでしょうか。岸田さんは8月頭のインタビューで「消費税を下げるべきではない」なんてもう言っちゃって……嘘でも検討するとか下げるとか言っておけば、存在感もアピールできたんですけどね。

ただ、**7~8月は国会が開かれませんでしたが、ボクは開くべきやったと思います。**なんで国会を開けなかったというのはもう簡単で、支持率が下がるのと、次の総理総裁候補として岸田さんが弱すぎるから、このままではアピールできないなと思っていたのでしょう。菅さんは次の首相の可能性が出てきたから、がぜん目の色が違ってきました。会見も多いですし、覇気がありますよね。

次の候補の一人と目されている石破茂さんは二階俊博幹事長のほうにすり寄ってこそいますけど、やっぱり地方での人気や若手議員からの支持は根強いものがあります。実際、優秀な人なのかもしれませんが、本当にいい政策、国益になることをやれるのかどうか——そこは冷静に見極めなければいけません。

日本が財政出動したところでデフォルトなんてせえへんで

いずれにしろ、夏場でも国会は開くべきでした。なぜかというと、九州での災害もありましたし、コロナで国が右往左往、世界中が右往左往している中で、中国が尖閣にちょっかいを出してきているのですから、議論すべきことも多かったはずです。ただ、新型コロナのことで国会を開けたら、野党が協力するかといったら、しないでしょうね。また「桜を見る会」とか検事長定年延長問題とか安倍首相の体調問題とか違うことを聞いてくるに決まってますから。

こんな緊急事態なんですから、本来なら野党が「国民が困っている。財政出動させろ！」って言わないといけないはずです。なんで野党さん、言えへんのかな？　消費税増と同じように財務省に言いくるめられてるんでしょうか……。

ボクは経済のド素人やけど、何となくMMT理論もわかるから、通貨発行権がある国として財政出動すればいいと思うのですが、野党さんはわかってないのかな。

よくアメリカの格付け会社が日本の国債を格下げにしたとか報道されますけど、あんなのはまやかしです。民間企業が勝手に格付けしてるだけやしね。「CDS」（クレジット・デフォルト・スワップ）って言葉、皆さんご存知でしょうか？　債券を発行した国や企業が破綻《はたん》して不渡りになった場合、投資家の損失を補償する金融派生商品のことで、要は国や企業の信用リスク（デフォルト・リスク）を取引する金融商品です。簡単に言うと「企業や国が破綻した時に備える保険」のようなもので、デフォルトのリスクが高い企業や国のCDSが高くなるのはおわかりになると思います。自動車の保険だって、普通のドライバーとF1レーサーでは全然違います。ケガや事故死のリスクの高いF1レーサーなら掛け金が驚くほど高いのも当然です。

日本国債のCDSは、信用があるからそんなに高い金額ではありません。アメリカ、中国、韓国もけっこう低いんですが、新興国のロシア、メキシコ、ブラジルなどは一桁上がって、ギリシャなんかはムチャクチャ高くて二桁くらい違います。

CDSの数字を見たら、アメリカの会社が日本を格下げしようが、日本がここで何十兆円か財政出動したところで、数年以内に破綻することなんかあり得ないということがわかります。

ありがたいお話ですが、日本にはスパイ防止法がないんです

このまま与野党問わず、都道府県も含めて国民も違う方向を向いてやっていったら、

年末にどれだけ失業者が出てしまうのか……考えただけでも恐ろしいです。

同じ方向を向いていないという事実は、「スパイ防止法」一つを持ち出すだけで明らかになります。だって、スパイ防止法を議論しようと言っただけで、特定の一部の野党の方々が猛反対するわけですよ。「国民の監視だ」とか「人権侵害だ」とか言うてね。

日本国内にいる外国のスパイ、工作員を取り締まるのに何か問題ありますか？

反対するのは都合が悪いからであって、逆にこの国にいかに工作員が紛れ込んでいるか、それも政治家の中にもいるということの証明にもなります。そういう勢力が、同じ方向を向くのを邪魔しているのです。

民主党政権時代の２０１０年９月７日、尖閣諸島中国漁船衝突事件が発生しましたが、当時の内閣官房長官・仙谷由人氏はさっさと中国人船長を釈放してしまうということがありました。中国人船長の起訴に動いていた検察に介入したのは民主党政権でしょ。

船長が中国に送還された時、中国共産党幹部が迎えに来ていたらしいですし、日本側が被害者なのに、中国が日本に謝罪を要求するなどメチャクチャでした。日本の政界にも中国の工作員が紛れ込んでいるのがよくわかった事件でした。

そんで近頃、イギリスのブレア元首相が、アメリカ、イギリス、カナダ、オーストラリア、ニュージーランドの5カ国で構成する機密情報共有枠組「ファイブアイズ」に日本も参加するように提言してくれました。セキュリティ上の懸念を理由に、中国のファーウェイ製の通信網向け機器を各国の5G移動通信網から排除する方針を表明したのが、このファイブアイズです。

ありがたいことですが、日本にはスパイ防止法がないから参加できません。ブレアさんも、まさか日本にスパイ防止法がないなんて思っていないんでしょうね。

今のままの状態では、日本と情報を共有したらその他の国に情報がだだ漏れでっせ。2014年に東芝の半導体に関する研究データが韓国の企業に漏洩した事件がありましたが、このままだと同じ道をたどることになりますよ。

スパイを防止したら、誰が都合悪くなんねん？

ブレア元首相は労働党党首でしたが、労働党といえば、イギリスに亡命していたカール・マルクスの落とし子であり、日本でいえば左派野党にあたります。

そんな、いわゆる左の人らが国際的な諜報《ちょうほう》の協定作りに勤《いそ》しむのは日本的な感覚では違和感がありますが、そこがまさにイギリス。右だろうが左だろうが、国益に関わる外交に関しては一枚岩になります。それがあるかないかの差が、国としての強さになると思います。

例えば、アメリカ政府は7月にテキサス州ヒューストンにある中国総領事館の閉鎖を命じましたが、これに対して野党の民主党が反対することなどありません。これ、日本政府が外国の領事館を閉じるなんていったら、特定の野党はメッチャ文句を言いまっせ。「差別だ」なんだって。もちろん、一部マスコミも一緒になってね。

これも、日本は軍国主義の悪い国だという戦後の教育と、戦後にアメリカに押し付けられた憲法、それから反日活動をしているスパイのせいだと思います。

そもそも、日本の国会議員がスパイ防止法に反対する理由って何ですか？　8月の頭に元日本共産党の篠原常一郎さんや政治評論家の加藤清隆さんなどとネット番組に出た時にも議題に上がったので、「スパイ防止法を制定すると何かデメリットがあるんですか？」って聞いてみたところ、「メリットしかない。デメリットなんかない。あるとしたら、国益を損なう情報を盗もうとして捕まる可能性のあるスパイにしかない」ということでした。国を売ろうとするような人間には足かせになるんだったら、絶対に制定するべきじゃないですか。

日本以外の諸外国では、自衛権の行使としてスパイを取り締まる何らかの法律があるのが当たり前。それは、表現の自由、言論の自由と対立するような考えではないことも明らかです。前述のファイブアイズの国々はもちろん、中国、北朝鮮、ロシアにもスパイを取り締まる法律はあります。

日本では、一部の野党だけではなく、与党内にも反対する人らが存在します。そういう意味では、スパイ法制定や憲法改正に積極的な日本維新の会の支持が広がればいいんですけどね。公明党さんも権力の暴走を監視するというのであったら、スパイ防止法の制定や憲法改正の議論に協力して、それがちゃんと運用されるように監視すればいいだけだと思うんですけどね。

という感じで、コロナ禍の中で日本の課題が山ほど出てきました。与野党の皆さん、

日本のために一丸となって有意義な議論を頼んまっせ！

第二章　コロナがあぶり出したマスコミの正体

なんで台湾のコロナ対策を日本は見習わんの？

4月12日、世界のどこよりも早く台湾のプロ野球が開幕したというニュースが日本では盛んに流れていました。でも、世界から称賛されている台湾の新型コロナウイルスの対策自体が、日本のマスコミで報じられることはほとんどありませんでした。

人口が日本に比べて約6分の1（約２３６０万人）の小さな島国ということもありますが、感染者数４８４人、死亡者数７人（８月17日現在）というのは驚異的です。

台湾は、２００３年の「ＳＡＲＳ」流行で84人が亡くなっています。その大きな原因は、中国の圧力によってＷＨＯなどの国際機関に加入できず、そこからの協力を得られなかったからです。そこで台湾はＳＡＲＳ終息後、ＷＨＯに頼らない感染対策の法整備を一気に進めたことが、今回のコロナ封じ込めに成功した主な理由となってます。

「人道」を理由にいくら他国に協力を仰いでも、十分な協力が得られない可能性があることを台湾はＳＡＲＳで学んでいましたから、中国との行き来を制限することでしかウイルスの侵入を防げないと判断したんでしょうね。

そこで、春節の時期にかかわらず、台湾は1月下旬に中国人の入国制限を強化し、2月上旬には全面禁止に踏み切っています。一方で日本は、春節やさっぽろ雪まつりでのインバウンド需要と、予定されていた習近平の国賓訪日を計算して、3月9日まで水際対策をできなかったことが禍根を残しました。

台湾にしても、間違いなく中国からの経済的な恩恵を失う措置でしたが、経済と自国民の命を天びんにかけて出した答えは「国民の生命を守る」ことでした。これがまさに「国防」の考えです。

こうしたお手本があるのに、**なぜか日本のマスコミは「韓国が素晴らしい」「韓国を見習え」と、台湾を差し置いて韓国の対応を褒めちぎりました。**

欧米に対しては批判的な人がけっこういますけど、韓国に対しては言う人があまりに少ないと思いませんか？　在日の方に遠慮してる部分もあるでしょうけど、マスコミが韓国に対していかに忖度しているかということが、今回の件で浮き彫りになったのではないでしょうか。もっと台湾のこと、感染対策の勉強になるんやから報道してや。このままだと、ほんまにマスコミによる台湾のスルーやで、これ。

とにかく急がれるワクチン開発。頼んだで！

ボクはテレビの仕事なんかでいろんな先生方の話を聞く機会に恵まれています。せやから、新型コロナウイルスについての正しい知識を日本国民で共有しないといけないないなと勝手に使命感に燃えています。

さっそく「ちょっと待てや！」と言わせてもらいますが、新型コロナにおいては、**マスコミの報道にも問題があると思います**。大事なのは、怖がらすことじゃなくて、ちゃんと知識として正しい情報を植え付けることじゃないでしょうか。

例えば、重篤化して死に至ってしまう方々は、ほとんどが高齢者であることは最近になっても一部のメディアでは触れられません。

はっきり言わせてもらえば、申し訳ないけども、今後もある程度は犠牲は伴うと思います。もちろん、自分がかかるかもわからへんし、家族や知り合いがかかるかもわかりません。でも、前に進むしかないんです。

文明というのはそういうふうに発展してきました。

フグを食べるのだって、最初は丸ごと食べて死んだ人がおったでしょう。「これは尻尾に毒あるで、尻尾残そうか」って食べたら死んだ人がおったはずです。「いやいや、尻尾やない、目ん玉や」となって、何回も、何世代も試行錯誤を重ねて、ようやく肝が危ないと気づいたのではないでしょうか。不謹慎かもわかりませんけど、人間、そういう先人の犠牲の上に文明を発展させてきた歴史があります。

今回、暴動やら略奪やらが日本で起こらなかったのは、民度の高さもありますが、なんだかんだ言ってもまだある程度は貯蓄とか経済力があったから。もし新型コロナウイルスが感染力、致死率を高めて第三波、第四波と襲ってきたら、さすがに何度も給付金を出せないということになって、日本でも暴動や略奪みたいのが起こらないとは限りません。そんなん見たないけどね。

だからこそ、重要になるのはワクチンの開発でしょう。一般的にワクチンというと予防のための〝守り〟のイメージがあると思いますけど、**対コロナウイルスでは〝攻める〟ため、つまり経済を動かすためにワクチンを作っていかなければいけません。**「ワクチンは守るために作るんじゃない。攻めるためや！」ってね。

まだこれといったワクチンがない段階ですから、これからは「ウイルスが移って死ぬ確率」と、「働かないで死ぬ確率」を天びんにかけて確率論で行動を決めていくしかないかもしれません。

ボクの命が地球より重いなんてことはありません

こんなん言うたら文句が来るかもしれませんけども、「人の命は地球より重い」とはボクは思ってません。地球のほうが重いもん、そんなもん。そりゃそうでしょ、地球があればこそ、個人が命を落としても、世代をつないで生活を育《はぐく》んでいけるんだから。

「1人殺したら殺人、1000万人殺したら英雄」という言葉があります。いやいや、違うねん。「**1人亡くなっても、1000万人を助ける**」ほうがボクはいいと思っていますから。それがほんまの英雄じゃないでしょうか。

それぞれの命に価値なんか付けたらあかんと思いますけど、生まれてきたばかりの子どもとそこそこ年配のボクだったら、どちらの命を大切にすべきかっていわれたら、子どもに決まっています。そこで人権がどうのこうのと言うてくるからややこしくなってくるんです。**未来を支える若い命のほうが絶対に大切でしょう。**

そもそもどんな病気だって死ぬ可能性はあるし、人間はいつか必ず亡くなるものです。新型コロナウイルスによる死亡率っていうのは、世界と比べたら日本はかなり少ないほうです。ブラジルのボルソナーロ大統領やったら、「なんやこれ、なんでこんな程度で経済止めてんねん？」って驚きますよ。

もちろん、理想としては1人も命を失わないことだけれども、1人の犠牲者を出さないために経済のすべてを止めてしまって、それで自殺者数を増やしてしまったら何の意味もないと思いませんか？

完璧に2か月間、経済止めてみいって。その結果、経済の事情で死を選ぶ人もいっぱい出てきますよ。それも命。「命と経済」というけども、ボクは「経済＝命」だと思ってますからね。

だって、自殺というのは肉体的に健康な人がある日突然、死ぬこともあるんですよ。その心の病みは一番怖い病気です。自殺者の中にはほんまは助けられた方がいたのかもしれません。死を選んだ理由が経済的なことだったら、お金さえあれば生きていたわけですから。

でも、病気になったらいくら手を尽くそうがお金を積もうが、亡くなる時は亡くなります。それやったら、**やっぱり自殺予備軍を助けてあげるのが政府の仕事かなと思います。**

結局のところ、新型コロナウイルスが悪いのは間違いありません。ただ、この病気は高齢者や疾患を持っている人以外にはそれほど大きなダメージを与えるものではないので、違う理由で国民が大病になっているのではないかなと思います。

これを大病にしているのがマスコミの報道です。ＰＣＲ検査をあおって、重症化しない若者を入院させて医療崩壊を招き、健常者を自殺に追い込むのは誰ですか？「人の命は地球より重い」と言いながら、命を選別してるのではないかと思ってしまいます。

ＰＣＲ検査するほうも全部着替えて大変なんやで

新型コロナウイルスの感染拡大で外出自粛ってことで家でテレビを見ていたら、事実に基づかないデマ情報が流れていて驚きました。

某ワイドショーで、テレビ局の社員と感染症の専門家とされる先生が暴走して、新型コロナウイルスに対する有効性が証明されていないのに「アビガン」を推奨しまくっていて……あの人ら責任取れんのかな。

そしたら案の定、その後になって「明らかな有効性認められず」（藤田医科大学による臨床研究の暫定的な結果）と7月10日に発表されました。あんだけ「アビガン、アビガン！」って言っていてどうやって責任を取るのでしょうか。社員コメンテーターは「サンプルが少ない」と反省の色なしですやん。

その番組では、ＰＣＲ検査についても「全国民にやれ、やれ！」ってずーっと言うてますけど、新型コロナウイルスのＰＣＲ検査って、当初は無症状の人には鼻から綿棒を挿入して鼻咽頭の粘液や細胞を採取しなければなりませんでした。鼻の奥をモゾモゾとやるわけですから、けっこうクシャミや咳を誘発してしまうので、検体採取時には医療従事者が感染リスクにさらされます。

そのため、ＰＣＲ検査をする医療従事者はサージカルマスクと手袋だけではなく、ゴーグルやフェイスシールド、長袖ガウンを装着する必要があります。もしかしたら検査中に感染者のウイルスがガウンなどに付着する恐れがあるので、そのまま次の人を検査するわけにはいきません。

でも、ある専門家とされる人はテレビで「手袋だけ替えればいい」って言うてたんですよ。いやいやいや、自衛隊中央病院の取り組みをYouTubeで見てください。一回検査やって全部着替えるのに、40分ぐらいかかるんですよ！　だから一日の検査数にも限りが出るんです。「手袋だけ」って……テレビで言って大丈夫なのかな、ほんまに専門家なのかなと心配になりました。

着替え終えたやつも全部焼却しなければいけません。これだけ医療資材、資源がまままならない状況なんですから、感染者との接触がなく症状もない人は無理にPCR検査を受ける必要はあるかな？　**自覚症状がなければ家でおとなしくしてればいいだけでしょう。**

新型コロナウイルスの感染の仕方については、今でもよくわかってない部分がありま す。少なくても飛沫感染はするようですし、接触感染もするようです。もし無症状で「感染の疑いがある」というだけでPCR検査を受けたいという人らが医療機関に押し寄せたら、医療機能が崩壊してしまいます。そうなると、本当に検査を受けるべき人が受けられなくなることが懸念されます。それなのに、テレビでは「ＰＣＲ、ＰＣＲ！」とひたすらに不安をあおっています。

そもそも、ＰＣＲ検査は精度の低さが問題です。僕が出演したある番組では、元厚生労働省医系技官の先生が「ＰＣＲ検査はスクリーニングには適さない」とおっしゃってましたけどね。

ＰＣＲ検査1万人が受けても、3000人が誤判定やで！

事実、ＰＣＲ検査の検出感度は70％程度と言われてます。70％ですよ！

「あなた、陰性です」って結果が出ても、実は陽性やったという人が30％いるかもしれないんです。その人たち自分らは陰性だと思うて平気で市中に出るから、ほかの人に移すリスクが高くなります。

こうしたデータから、多くの人がＰＣＲ検査をすると、二つの点で問題が出てきます。

まず陽性の場合、全然症状がなくても入院しなくてはいけなかったので、病院のベッド数が足りなくなって、本来入院すべき重症患者が治療を受けられなくなる恐れがありました。これが、いわゆる「医療崩壊」です。

この事態を避けるため、今は軽症や無症状の感染者は、都道府県が用意する宿泊施設、または自宅での療養が可能となりました。

ほんまは新型コロナウイルスには感染していないのに陽性と判断された人は気の毒やね。さっきも書いたけど、概ねＰＣＲ検査の感度は70％ぐらいらしいし。

そして、**もう一つの大きな問題は、陽性なのに陰性と判定される場合**。感染してても、採取されたウイルス量が少なければ陰性とされる場合もあります。もしも1万人の感染者がＰＣＲ検査を受けても、３０００人が陰性と判定されて市中をうろちょろする可能性があるのだったら、そんなものいらないでしょう。

それに時間と労力、お金をかける意味がないから、ＰＣＲ検査を拡大するのではなく、死に至る可能性の高い高齢者や疾患ある方が感染しないように、その方々が接触し合う場面を極力減らしていくという方向性で考えていくべきでした。

ＰＣＲ検査については、ノーベル賞受賞者で京都大学iＰＳ細胞研究所・山中伸弥教授は「大学などの研究所の力を上手く利用すればＰＣＲ検査数は10万くらいいけるのではないか」と述べておられましたが、たとえ研修を受けさせたとしても、大学生に検査をやらせるのは問題があるのではないでしょうか。

大学などの研究機関側からは、機械そのものはあるしＰＣＲ試験はできるけども、研究員が実験としてやるレベルと臨床検査はまったく違うし、それこそ判定に責任が持てないという声もありました。まぁ現実的ではないということですわ。

4日間我慢、それでも熱が下がらなかったら診察行くんちゃうの？

4月29日の参議院予算委員会で加藤勝信厚生労働大臣が「発熱4日以上は検査要件ではない」と言い出し、5月8日の記者会見では「（4日間発熱という）目安が受診の基準に捉えられた。我々から見れば誤解」と発言したことで、あちこちから怒りの声が巻き起こりました。なんか引っ掛かるね、この言い方も。

だって、新型コロナウイルス感染症の相談・受診の目安として、2月17日に厚労省は「37・5度以上の発熱が4日以上続く」と発表してたやん。どうゆーこと？

おそらく多くの方々が、37・5度以上の発熱が4日間続いた後もまだ下がらなかったら、病院に行っていいんだと思ってたんじゃないでしょうか。それが厚労省から見たら誤解って……しんどかったら1日でも病院に行ってもいいとは読み取れません。どっちにせよ、誤解を招く言い方やったね。

実際にこの「4日間ルール」を守って、自宅待機中に症状が重くなって亡くなるケースが出てきたから、ルールの「解釈」を変えたと思われてもしょうがないでしょう。

最初の指針や要請が間違っていたなら、「すいません」って謝って、柔軟に変えていけばいいだけです。**未知の病気との戦いなんですから、最初っから100点満点はあり得ません。**なのに、指針が間違ってたんじゃなく、国民が誤解してたっていう言い方は問題あるんとちゃいますか。もっと多くの命が失われていたら、どう責任を取るつもりやったんかな？

前述してますが、最初のうちは無症状でもＰＣＲ検査で陽性だったら入院させてました。でも、すぐに病院がいっぱいになっちゃうので、ホテルや自宅での療養が可能としました。そういうふうに変えていくのはいいんですけど、それを地方自治体に任せたから、各自治体で対応が違うことになったのは失敗だったと思います。

実際、コロナ感染者が来たら嫌がる病院はいっぱいあります。高いリスクがある割には儲からないというのがその理由です。赤字の病院、たくさん出ましたもんね。あれだけ尽くしてくださった看護師さんたちも報われません。

陽性だとわかった上で、熱や咳の症状が出てなかったら2週間の隔離。そして医療崩壊を避けるためにも「病院に入院させません」という、国か都道府県が強制力を伴った特措法みたいなものを作ってもよかったかもしれんね。

あと、感染を広げないためには、国民みんなにテレワークと外出自粛を継続してもらうことがキーポイントでした。結局、支援金を出し渋って、結局は国民の判断……つまり麻生さんの言葉を借りると「民度」に甘えてしまいました。もし今回の件で厳しく政権批判するのだったら、そこだと思います。

恐怖を散々あおった〝専門家〟には謝って訂正してほしいわ

ソフトバンクグループが約4万4000人を対象に実施した新型コロナウイルスの抗体検査では、全体の抗体陽性率は0・43％だったと6月9日に発表されました。テレビやSNSなどで盛んに「国民全員にPCR検査を実施すべきだ」と言っていたWHOテドロス事務局長の上級顧問だという公衆衛生学者は、この結果についてはどう思ってるのでしょうか。

もう99・5％以上の人が抗体を持ってないんだから、PCR検査をやっても一緒やんけ！「一斉休校は無意味」とか「一刻も早いロックダウンを」とかテレビであおってた上級顧問には訂正してほしいわ。しかも、その先生は4月16日の報道番組で「国内ではPCR検査数が抑えられているので、実際の感染者数は報告数の10倍（約10万人）以上いるのではないか」って言ってます。それってただの推測やん！

また、5月7日の朝日新聞の「コロナ対応に海外から批判続出　政府、発信力強化に躍起」という記事では、イギリスBBC（電子版）が「日本は検査数を増やさないと、パンデミックの終結はかなり困難」と専門家がコメントしてると紹介していますが、この「専門家」というのも、この上級顧問なのです。

一方で、WHOシニアアドバイザーで感染症の専門家でもある女性医師は、5月10日放送のNHKスペシャル『新型コロナウイルス　出口戦略は』という番組の中で、「日本は相当早い時期から患者が発生したにもかかわらず、非常に低いレベルで抑え込んでいる」、「世界からはジャパニーズ・ミラクルと見られている」、「検査の遅れというのは間違い。日本の戦略的検査を私たちは高く評価している」と、日本のコロナ対策を称賛しています。

お二人ともほんまにWHOの関係者だったら、WHOもダブルスタンダードやな。「上級顧問」と「シニアアドバイザー」ってどっちが偉いの？　日本語に訳したら同じになりそうやけど。そもそも「マスク着用の必要はない」ってテドロスのおっちゃんが言うてたのに、中国が量産し出したら、「マスクの着用を奨励するよう勧告する」って100％方針を変えましたからね。疑われてもしゃあないタイミングやで。で、結局、誰がほんまのWHOやねん（笑）？

ダイヤモンド・プリンセス号は日本国内と違うこと知らんの？

3月くらいまでの報道で、すごく違和感があったのは「国内感染者数」の報じ方。例えば、『共同通信』では3月4日に「新型肺炎、国内感染者1000人　死者12人、27都道府県に」というタイトルで記事を配信しています。

これ、非常に問題だなと思ったのは、**「1000人」に「ダイヤモンド・プリンセス号」での感染者数も含まれていること。**なんで入れるねん！　あれ違うやん、日本と。日本は人道支援として受け入れたんです。船籍はイギリスやし。

そもそも国際法的には、多国間を移動する船舶の船上は各寄港地の「国内」とは見なされません。そのため、もちろんWHOはダイヤモンド・プリンセス船内で発生した感染者は、日本国内で発生した感染者として計上することはないのです。

それなのに、共同通信だけじゃなく、NHKでもわざわざイギリスの船と日本国内の感染者を合算して報道しています。

バカの極みでっせ、ほんまに（怒）。それでよくマスコミやってられるなと思います。

記事作ってる人らもええ大学出てるんやろ？

よほど日本の状況を悪く伝えたいのでしょうか？ なんかマスコミもテレビのコメンテーターたちも感染者数が増えると嬉しそうに報道して……ちょっと待てや！

最初のうちは、ダイヤモンド・プリンセス号の感染者も日本人が何人で、海外の人は何人って国籍も性別も年齢も言いませんでした。厚労省から公表されたのは、船が横浜港に着いてから18日後の2月21日。マスコミがもっと突っつかないといけません。政府に感染者の国籍と性別、年齢を公表してくれって。

個人情報保護っていいますけど、「50代・男性・日本人」って公表して個人情報がわかりますか？ 「個人情報保護ガー」って言う人だって、ネットショップの会員とかDVDレンタルカードを作って企業に個人情報メッチャ渡してるんちゃうの。

もしマスコミが「韓国のやり方を見習え！」というなら、マイナンバー制度をフルに活用して、個人情報保護は後回し、徴兵制を活用して若い医師（公衆保険医）を半ば強制的に現場に派遣してPCR検査を行わせたこともちゃんと報道しないといけません。「韓国はすごい」と言う前に、日本とはシステムが違うことを言わないとダメでしょう。

どうして韓国では申請完了から2日以内に給付金の使用が可能だったかというと、国が国民の個人情報をしっかり管理してるから。日本ではそれを嫌がったくせに、お金が欲しい時だけクレームを言うのは見苦しいとしか言いようがありません。そりゃ遅れますよ、デジタル（韓国）とアナログ（日本）だったら。

なんで感染者数ばかり発表して、退院者数は言わんの？

『報道ステーション』でもプリンセス号の感染者を日本人に加えた数字を出してましたけど、おかしいですよ。国民に対する感染者数を出さないと、意味がないということを大阪のテレビではずっと言っていたんですけどね。

いまだに「今日は何人出ました」って報道してますが、「今日のホームラン」か（笑）。「今日の東京の感染者は○○人でした」って地震速報みたいにテロップで入りますけど、必要ないがな。そもそも何人検査したか分母は伝えてくれないじゃないですか。検査数も感染率もわからないなんておかしいと思わないのでしょうか。３００人超えたら嬉しいんか？　**感染者数を言う前に、重症者数を言えばいいんじゃないでしょうか。**「今日は１人でした」とか「ゼロでした」とか。それから、「陽性者数は６００人でした」と言えば、「え、６００人おって重症者はゼロ？　これ、大騒ぎするほどの病気ちゃうぞ。これまでの放送の仕方、おかしないか？」って気が付く人も増えるはずです。

　国民全員にＰＣＲ検査をやれという「ＰＣＲ教」の人もまだいっぱいいますけど、いったい何年かかると思ってんねん！　そういう計算もしないで言ったもん勝ちになっていますね、今のテレビ番組は。

　数字の出し方もただ感染者数を足して累計を出していくだけ。何なんでしょ、これ。退院した人もいるんだから引けよ！　おかしいで。高齢の人、ビビってしまうやん。

　年間の交通事故者数ならわかりますよ。足していくことで事故の抑止になるから。でも、今回の場合、感染はしたものの、「亡くならずに治りました、退院できました」という数字を出すことが抑止に、あるいは励みにもなるんじゃないでしょうか。ただ感染者数を合計して報道するのは間違ってるよ。

　新型コロナ感染症だけが病気ではありません。新型コロナのせいで、がん患者の手術が遅れたりもしてるんですよ。もし毎日、手術したら治るステージを含めたがん患者さんの数を放送してみーや。「今日は全国に○○人の末期がんの患者さんが増えました」とかあおってみいって。「がんって怖いな」って誰だって思いますよ。がんは怖いけども、テレビのやり方次第でもっと怖くなりますよ。

「今日の肝硬変にかかった方、○人でした」って、どんな病気でも累計していけば、年末までにすごい数字になるのは想像がつくことでしょう。いつまで累計しとんねん！

ウイルスで感染する病気であれば誰にだって移る可能性はあります。水虫だって、性病だって移るって。それなのに、マスコミはコロナは怖い、怖いってあおるから、感染して発病しただけで悪の枢軸みたいに思われる風潮を作ってるよ。なんで感染した人が謝罪せなあかんの？　叩かれなあかんの？

日本のために頑張ってくれた人たちをちゃんと報道してや

ダイヤモンド・プリンセス号での自衛隊の活躍もあまり報道されませんでしたけど、

中国・武漢からチャーター機（第1便）で帰国した191人を受け入れた『**ホテル三日月』さんも、もっと大々的に取り上げてもよかったような気がします**。

最初に部屋しか写ってないから、「これ、どこのホテルやねん？」ってビックリしました。残念なことに迷惑顔の近隣住民もいたようですが、あの対応は立派やと思います。

実は、チャーター機が飛ぶ数時間前まで、受け入れてくれるホテルは決まってなかったって聞きました。そんで、19年の台風15号で被災した地元住民に大浴場を無料開放した実績のある勝浦ホテル三日月さんに政府は賭けたといいます。

ホテル側は快く受け入れを了承し、「同じ日本人として、帰国者のために、政府の要請に応えることを決断しました」と公式サイトで声明を発表しました。素晴らしいですわー。状況が落ち着いたら、今度泊まりに行かないとあかんね。

4月に入ると、『**アパホテル』さんも軽症者や無症状の感染者受け入れを全面的に応じる**ことを政府に対して伝えたり、医療従事者の宿泊を半額にしてくれたりしてます。ただ、これも思ったよりもマスコミが積極的に報道しませんでした。

何なんでしょ、これ？　国のために一肌脱いでくれてるのに。一時期、元航空幕僚長の田母神俊雄さんの論文問題（アパホテル傘下のアパ日本再興財団が懸賞論文を主催）でアパホテルが保守だ右翼だと叩かれたことと関係があるのでしょうか？「平等」とか「公平性」、「公正」と言ってるわりには、全然公正に報道していません。これが「報道しない自由」ってやつか？

マスコミというのは、とにかく国家権力や、それに協力する人たちを叩いていたらいいと思っている風潮があるんじゃないですか。なんか野党と一緒やね。だからある意味、**マスコミ自体が過渡期に入っていると思います**。いいところ悪いところがすべて新型コロナウイルスの件であぶり出されてきてるなと感じます。

政府はどういうふうな対応をするのか、それをどのような切り口で報道するのか、また、まともに動ける政治家はどの人なのか、口だけじゃなくて実行力があるのはどういう方々なのか、あるいは親中派、反中派なのか――。

もちろん、与党の中にも親中派はいてますけれども、野党はもうすべてが親中派じゃないのかというくらい、今回の騒動で「闇」が浮き彫りになってきました。

ダメな大臣はいるけど、いいところはいいって言わなね

人命第一で考えれば、日本は欧米と比べて死亡者数も感染者数も極めて低いのに、マスコミは政権のポジティブな評価をほとんどしてきませんでした。

思い返してみれば、東日本大震災の時に民主党政権に対してもマスコミはクサしてました。結局のところ、**マスコミというのは権力をクサしてたらいいと思ってるんでしょうね。**

安倍政権に対しても、たしかに消費増税あかんとしても、ほかの国と比べても重症者数も死亡者数もこれだけ抑えてるというところは、公正に評価しないといけませんよ。アメリカやブラジルの今を見てみいや。

ただし、内閣の中に明らかに力不足の大臣もいるので、それが安倍首相の足を引っ張っていたという報道はしたらいいと思います。ボク、是々非々でやってほしいだけです。

また、感染者数や感染拡大を抑えている一方で、経済的な補償、つまり給付金の入金が遅いのも事実で、総合的に評価を下すのは難しかったのかもしれません。そこは当然、

マイナンバーカードのことや銀行口座との紐付けのこともちゃんと言うべきでしょう。

安倍政権ではこれまでも国民に対してちゃんと説明しない言葉足らずのところがありましたが、**これからの時代は政治家が自分の言葉で言わないといけないと思います**。

短い言葉でいいんです。「みんなでマイナンバーカードを作りましょう。申し訳ないが、次にこんな災難が来たら本当にどうしようもありません。給付が遅くなって店がつぶれるような事態は避けたいんです！」って言ってくれたらいいんです。

例えばアメリカは、虚偽報告や不正があったとしても、スピードを最優先してお金を先に配るらしいんです。そして、不正を働いた悪いヤツは後で処罰するんだとか。悪いヤツのために善人が不利益を受けることになったらあかんという考えです。

日本もそういうふうな考えに変えていったらどうでしょう？　今回は事前の審査が厳しすぎるような気がします。とりあえずバーッと配ってから、「はい、おまえズルしたな」って言って、後でたっぷり罰金を上乗せして徴収したらよかったんです。マイナンバーカード制度が機能していたらすぐに配れるし、脱税もすぐにわかります。

だから、番組でご一緒してる経済学者の高橋洋一先生は、制度が始まってすぐマイナンバーカードを作ってましたよ。

一方、政治家はここでもダメですね。給付金制度を取り仕切る内閣官房トップの菅義偉官房長官、総務省トップの高市早苗総務相が、マイナンバーカードの電子申請システムを使ったことがないって、6月24日の『文春オンライン』で報道されましたわ。自分らちょっと待てや！　率先して持たないといけない立場でしょ。

「マイナンバーカード作ると困るような裏金、やっぱり政治家は持ってるんちゃうか」なんてあらぬ疑いを持つ人が出てきてもしょうがないですよ。

そうそう、それから国から送られてきた布マスクも、着けてるの安倍さんだけじゃないですか。せめて内閣の一員、与党の一員だったら着けなさいよ。国民に送っておいて、自分らは着けないっておかしいやろ。

え、ボク？　ボクは取っておいてます。ボクがまだ国のマスクを着けへんのは、また何かあった時に使うために残しているからです。

実際、内閣に属する大臣や自民党の国会議員がここに来て安倍首相の足をかなり引っ張ったってことは事実ですが、根本的にはそれは首相の責任でしょう。安倍首相は「責任を痛感してる」って言ってましたが、結果でしか政治家は評価されませんから、検証と反省は必要です。でも、ボクは別に安倍首相が好きとかそんなんやないけど、みんながあまりにヤイヤイ言うのもどうなん？　って思うわ。

マスコミさん、偏った編集はせんで結論は視聴者に決めさせえよ

6月下旬、新型コロナ対策について国会で集中審議をすべく集まっているのに、買収容疑で逮捕された河井夫妻のことを野党議員が糾弾して、委員会が止まったやないですか。予定外の話を持ち出した野党側のルール違反なのに、その日のテレビを見てたらその部分を報道しません。一般人が見たら、まさに「野党議員が頑張って河井夫妻の不正をただしてまっせ」みたいに思っても仕方のない編集でした。

ボクは先にTwitterで「野党がこんなことやってたらあかんわ」って書いてあったのを読んでいたからわかりましたけど。マスコミはもっと公正公平に放送してください。あ、それで思い出しましたけど、あるワイドショーの捏造《ねつぞう》報道もひどかったですね。

ベルギーの医療現場から一時帰国した澁谷泰介医師のFacebookによると、取材を受けて「今の段階でＰＣＲ検査をいたずらに増やそうとするのは得策ではない」と何度もコメントしたのに、まるでＰＣＲ検査は増やすべきだと主張しているように「編集で取材内容とはかなり異なった報道をされてしまい、放送を見て正直愕然としました」と告白したことが話題になりました。

結論ありきでの取材は絶対にあかんでしょ。

今回のコロナ報道でよくわかりましたが、**マスコミというのは正しい情報を伝えるのではなく、恐怖や不安をあおるのが仕事だと思ってるのかもしれません。**

こんな報道してたら怖いですよ、洗脳されて。「政権が悪いねん、政治が悪いねん」って毎日聞かされたら、情報弱者の方はそう思ってしまいますよ。

「ＰＣＲ検査が必要やねん」、「官僚と電通が悪いねん」、「韓国の対応が素晴らしいねん」ってワイドショーの言うこと聞いてたら、原理主義集団みたいになるで。

ほんま、メディアの力って怖いですよ。テレビ局だけじゃなくて、新聞もどうなん？政権じゃなくて、あんたらのほうが検察とツーカーやったやないか。

言い訳なんてできませんよ。しかも、検事長と賭けマージャンやってた自分とこの社員は出勤停止やら停職やら1か月だけで済まして、名前も出さないで。「実名報道」って言うてたんとちゃうんか？　ほんまに汚いな。

無症状でもPCR検査受ける意味はあるんやろうか？

あれだけ毎日、毎日、テレビのワイドショーで「PCR検査、全員受けなさい」、「PCR検査を受けてからすべてが始まる」みたいな言い方をしたから、**PCRを治療だと勘違いしてしまうお年寄りもいるようです**。

若い人と比べると、一元的に入った情報をうのみにしてしまうんですね。PCR検査をしたところで治るわけではないし、検査結果の信ぴょう性もまだ低いのに。

いまだにテレビや新聞ではウソを報道するわけがないと信じ込んでいるお年寄りも多いんです。ダマして不安をあおらんといてーな。

特に人と接触することもなく自粛を続け、熱や咳の症状もないんだったら、PCR検査を受ける必要はあるのでしょうか。「全員受けなさい」とあおるから、わざわざ病院に出かけていって院内感染したりリスクが高まるわけでしょ。じっと家におればかかんでも済んだものをね。もし感染したらマスコミの責任もあるで。

そういう意味では、ＰＣＲ検査数を増やしていくことで感染者数が急増してしまったら、医療現場ではマスクも防護服も、入院させるベッド数も不足してしまうので、わざと抑えてたということもあるのかもしれません。

そこの部分を理解した上で、やっぱり命に関わることなので、テレビに出る方々が「ＰＣＲ検査は１００％正確に判定することはできないので、スクリーニング、選別にはそぐわないんですよ。だから、無症状の方は受ける必要はまったくありません。熱や咳の症状が出たら、お医者さんの診察で判断してもらいましょう」ということを報道していたら、こんなに感染者が出ることはなかったかもしれません。

そういう意味では、ウイルスの封じ込めに成功した台湾、あるいは韓国でもいいですが、あちらではどういう姿勢で対策をしていたのかを報道してほしいものです。

今回のコロナ騒動に関しては、マスコミ側にも責任は少なからずあるでしょう。多からずとは言わへんけど。いや、言うてるな（笑）。

「診断には使ったらあかん」とPCR開発者が言うてますわ

多くの人は、PCR検査は「新型コロナウイルスを判定できるもの」だと錯覚していますが、普通のコロナウイルスも検出されて、その場合でも陽性になってしまうケースもあるそうです。「新型」というくらいだから、旧型のウイルス、もともとのコロナウイルスがあることをわかっているのでしょうか。

今、日本も含めて世界各国からいろんなPCR検査キットが出ていますが、特に訴訟大国のアメリカの検査キットには、裁判対策として「非特異的反影響が出ます」とちゃんと書いてあります。

「非特異的反影響」とは、ある状態や疾患に特徴的にみられるとは限らないということ。つまり、新型コロナウイルスだけを検出するものではなく、具体的にインフルエンザウイルス、アデノウイルス、マイコプラズマ、クラミジアなどでも陽性になると記載されています。要は普通の風邪や肺炎、性病でもPCRキットでは陽性が出てしまうということ。これ、「PCR検査は新型コロナウイルスの診断には使えません」と書いてあるようなもの。嫌やわー、PCR検査に引っ掛かったら性病だったっていうんは（笑）。

そもそもPCR検査を発明し、ノーベル化学賞を受賞したキャリー・マリス博士自身、PCRを「診断には使ったらあかん」と遺言みたいに言うてるそうですよ。

開発者が自ら「調査、研究のため」だと言っているのに、どうしてそれを診断に使っているのでしょうか？　マリス博士は19年8月にお亡くなりになりましたが、今の日本のテレビを見たら何とおっしゃったことか。

先日、「PCRはあくまで参考データ。陽性＝コロナ感染者ではないし、陰性＝非コロナ感染者でもない。医師は症状や他の検査結果も合わせて判断します。PCR崇拝者にはそれが理解できない」という、とある地方の耳鼻科の先生の意見をボクはリツイートしましたけど、まさにそのとおりだと思います。

PCR検査では、陽性であれば新型コロナに感染している可能性があることはわかりますが、陰性の場合は感染しているかもしれないし、していないかもしれないという、何の意味もないことしかわからないのです。

PCR検査が万能ではないことはJリーグを見ればわかるやん！

発熱や咳などの症状が出たとしても、それは感染してから数日後のこと。ウイルスには発症まで潜伏期間がありますからね。もちろん何らかの症状がある場合にPCR検査をして、新型コロナ感染の可能性を調べるというのはわかります。

でも、なんで無症状の人に検査を受けさせようとする人たちがいるのか……何回言うても理解してもらえないんですよね。大学の教授たちが丁寧に説明しても、わかってくれない専門家たちがおるんですわ。なんでやろ？

PCR教の方々は、**PCR検査で陰性が出たら、一生陰性だとでも思い込んでるんでしょうか？** しかも、その中には偽陰性の方もおるんやで。

テレビに出て「PCR、PCR！」ってあおってる人らは、新型コロナウイルスがそんなに危ないと思うんだったら、毎日毎日テレビ局に通ってるのはどうなのよ？ 自費で毎日ＰＣＲ検査して出演しているんでしょうね。そうでないのであれば、自分らはコロナに感染しない特権階級だとでも思っているわけ？ 「ガイドラインをしっかり守っていれば感染は絶対しない」なんて、あり得ないからね。

ＰＣＲ検査が万能ではないことは、Ｊリーグを見ればわかります。Ｊリーグでは２週間に一回、全選手にＰＣＲ検査をやっていますが、それでも感染者が続出しています。感染が見つかった選手は、検査の時には陰性でも、その後に発熱などの症状が出て、改めて検査したら陽性がわかるというパターンです。

仮に今、ＰＣＲ検査をして陰性という結果が出たとしても、その15分後に感染するかもわかりません。でも、潜伏期間があるから数日は症状が出ないので、その間に感染を広げてしまう可能性があるということが、どうしてわからないのでしょう。

あれだけ感染予防対策を徹底していたＪリーグでも、やっぱり感染者が出ているという現実。このことからも、定期的なＰＣＲ検査をしていたら安心だという考え方が間違いであることは言うまでもないでしょう。

結局、全国民にＰＣＲ検査を一回やったところで意味がないのは明らかです。逆にいうと、いつでも誰でも感染するリスクが身近に存在していることがわかるわけですが。

〝専門家〟といわれている人の言うこと、全然当たってないやん

7月に入ってから感染者数が急増してきたことに対して、ある大学の先生は「PCRの精度が高くなっている」とおっしゃっていましたが、それってほんまでしょうか？ 急に精度が高くなったわけじゃなく、梅雨になってエアコンをつけ始めたことで夏風邪なんかも増えて、新型じゃないコロナウイルスとか、風邪のウイルスを拾ってる可能性もあるんじゃないかなってボクは思うんですよ。素人やから断言はできませんけど。

ただ、いろんな情報を持ってるはずの〝専門家〟といわれている人の言うこと、全然当たってないのも事実です。

新型コロナ感染者数の増加と比例するように、視聴率を上げていったワイドショーがあります。さすがに6月に入ってからは「コロナ・バブル」が弾《はじ》けて、「正常化」してきたようでしたけど、7月の感染再拡大からはまた逆戻りです。

この番組でスターになった〝コロナの女王〟も、７月から芸能事務所に所属が決まって文化人から芸能人になったから、これからはイジってもええよね（笑）？

例えば、この大先生、７月16日のワイドショーで、「２週間後に重症者・死亡者が増え、医療体制が大混乱になります」って断言しています。２週間後っていうたら７月30日ですよ。ここの原稿を書いているのは８月中旬ですけど、医療崩壊してないやん！

ある先生の調査によると、東京都の人工呼吸器装置数は４月24日に89件で、８月３日には26件に減っています。「この程度で緊急事態宣言出すとすれば、４か月に一度程度、何年にもわたり継続的に出すことになる。これでは社会経済的に死んでしまう」とある人がツイートしてますが、ボクもまったくの同感です。

それから、生物の進化論的に考えると、ウイルスは宿主たる人間を殺しては広がらなくなってしまうので、ウイルスの生き残り戦略として宿主との共存――つまり、人から人に感染していくうちに弱毒化していくということは大いにありえるようですから、そういうフェーズに入ったのかもしれません。なんかボクのほうが専門家みたいやけど、〝自称〟専門家にならんように気をつけるわ。

何でもかんでも政権のせいかというと違うでしょ

関西ローカルですけど、『正義のミカタ』っていうニュース情報番組にボクは生放送で出ていますが、今回のコロナ禍も含めて、災害や事故で亡くなられた方、犠牲になられた方を愚弄するような言い方をしないと心に決めています。

テレビですから、亡くなった方を数字で言わなくてはならない場面もありますけど、例えば「亡くなられた方、犠牲になられた方も数多くいてるけど、他国と比べたら、人口比の致死率って少ないじゃないですか？」みたいな話し方をするようにしています。

それから、やっぱり国民が知りたいことを聞くようにはしてます。専門家の先生たちに、「亡くなられた方の年齢も分けていったら、40歳以下は何人出てますの？」と聞くと、「お亡くなりになるのはだいたい高齢者です。30～50歳は疾患のある方ですね」と教えてくれます。それやったら、「ああ、高齢者で疾患持ってる人が怖いねんな」って視聴者へのメッセージになるじゃないですか。そういうふうに、専門家の知識を一般の人にわかりやすく引き出すのがボクの仕事やと思っています。

だって、ボクは感染症の素人やもん。「PCR検査を多くの人にやれ！」と言える立場じゃないですから。ただ、公表されている数字を見て、疑問に思ったことは言います。「なんでダイヤモンド・プリンセス号の感染者の国籍とか年齢を国は言わないんですか？」というように投げ掛けますよ。

それを「隠しとるんです」、「黒塗りです」とか、何かといったらモリカケやら桜を見る会につなげて政権批判していくコメンテーターもいますけど、ボクは同じ見解ではありません。人の不安や恐怖をあおるほうが視聴率にはつながるんでしょうけどね。**そもそも、何でもかんでも政権のせいかというと違うでしょ。**

お昼のワイドショーでも、いつも政権批判ばかりしている女性作家の方が、新型コロナウイルスの集団感染を起こした病院に対して「病院は責められるべき」「美談にすり替えている」などと発言しました。

これ、どういう意図の発言なんでしょ。炎上狙いですか？

あのな、その病院で40人以上も亡くなってるんやで。病院長が応援してくれる人への感謝、医療関係者への差別への危惧《きぐ》、危機的となった病院の経営状態を正直に述べているだけで、美談なんかではありません。

医療従事者はどこにいましたか？　未知のウイルスが襲いかかる「戦場」にいたんですよ！　新型コロナはどこから発生しましたか？　病院からではないんです。いったい、彼女は何を貶《おとし》めたかったのか……理解に苦しむわー。

ウソの報道したら、謝ったらええってわけやないで

今のワイドショーはウソの報道しても、「謝罪したらオッケー」みたいな風潮がありますけど、今の時代、バラエティー番組だったら即打ち切りですよ。

8月6日、某ワイドショーでは、7月23日の放送について謝罪しました。その日の放送では、政府コロナ分科会のあるおっちゃんにインタビューして、「PCR検査が増えないことの背景に、過去のハンセン病裁判の人権侵害認定が影響していて、新型コロナで偽陽性の人を隔離した場合、人権侵害に当たる＝訴えられるのではないかと、厚労省の医系技官、国立感染症研究所など『感染症のコミュニティ』が危惧しているようだ」

という内容のことを出演者が番組で発言したわけですが……いやいや、なんでPCR検査を拡充することに人権問題を持ち出すわけ？　しかも、「保護」という名の下で隔離して、差別してきたハンセン病を引き合いに出して、それをそのままテレビで流したわけですから、番組打ち切りでもおかしくないで。実際、バラエティー番組だったら終わってるやろ。

ＰＣＲ検査拡大派で「厚生労働省が検査をやりたがらない」と批判したある先生も、経済評論家の上念司さんに批判されても議論の場に全然出てこないし、そういうところはあかんと思いますよ。

その某先生といえば、ミスリードを誘う感染者数のグラフを添付したツイートでも話題になりました。

8月3日、「真夏の北半球でコロナが急増している先進国は、トランプを支持する米国の一部と日本くらいです」と、世界各国と日本の新規感染者数の推移のグラフを載せているんですけど、ビックリですよ。感染者数を示す縦軸の単位が、右側と左側では10倍くらい違って、日本だけが多く見えるように作られているのです。

これでは日本だけが突出して感染者数が増えている印象を受けてしまいます。しかも、グラフの「各国」にアメリカは載せてないやん！　そもそも「トランプを支持する米国の一部」って何？　トランプを支持する、支持しないっていう信条で感染確率が変わるんかい！　テレビに出てるお医者さんがこういうことをよくできますよね。変なバイアスなんか掛けないで、正々堂々とやれやって言いたくなります。さらに、同じグラフをもう一度掲載してツイートした時には、なんと片方の縦軸の数字の部分をカットしている。その異常性の背後に〝何か〟力が働いているのでしょうか？「ＰＣＲの利権が渦巻いている」と思われてもしゃあないで。

ＰＣＲが「お墨付き」みたいになってしまうのが怖い

視聴率のためか何かわかりませんが、新型コロナに関してテレビのワイドショーは恐怖をあおりすぎです。「感染者数が今日も４００人を超えました」なんて数だけを言われても、恐怖しかありません。ＰＣＲで陽性反応が出たとしても、検査は１００％正確ではありませんし、感染して何日目かもわかりません。

感染して1日目の場合は陽性反応が出ませんから、感染していてもPCRでは陰性と判定されて、「陰性だ、良かった！」と外へ出て、逆にウイルスをまき散らす可能性が大きくなります。**そんなPCRがお墨付きみたいになってしまうのが怖いわけです。**前述のJリーグの現状を見たらわかるでしょう。

陰性と判定されたからといって、マスクを外して外へ出ていいわけでも、夜の街に繰り出して、遊び回っていても平気だということにはなりません。PCRでの陰性判定は、**「あなたはウイルスに感染してないかもわからんし、してるかもわかりません」**っていう意味にすぎないわけです。なんでそれがわからへんのかな。

今のところ、新型コロナウイルスを100％判別できる検査器なんかありません。だから、国の指針としてはインフルエンザの「一年中版」というような感じで考えていけばいいと思うんですよ、季節性じゃなくて。

だから、仮にワクチンができたとしても、予防接種するかしないのかはインフルエンザ同様、個人の自由でいいと思います。

「正しく理解して、正しく恐れて」なんてマスコミでは言いますけど、そうじゃないですよ。**「正しい報道」をするだけでいいんです。**「正しく理解」することは、情報弱者のおじいちゃん、おばあちゃんにはなかなか難しいことですから。

朝のワイドショーなんて視聴率がいいみたいですから、高齢者の多くが観てると思います。「国民全員PCR検査しろ!」って連日にわたってあおられたら、「ああ、ええこと言うてくれてるわ」って信じ込んでしまいます。

そういうことを考えると、PCRを診断で使ってるのが一番怖いこと。PCRを受けて陰性が出たらもう大丈夫だと思い込みますからね。治療でも何でもないし、そこの誤解が非常に怖いと思います。

PCR検査を全国民にするべきだと言いながら、PCRはお金のある人はできて、ない人はできないなんて言うてましたけど、朝のワイドショーでご活躍中の専門家さんとテレビ局の社員さんは毎日、自腹でやっているのでしょうか? そのテレビ局の番組関係者全員がPCR検査をやっていて、自分らは毎日PCR検査を受けて完璧な状態でテレビに出てるなら説得力がありますけど、そんなわけはないでしょう。そこまで怖い病気なら、自分たちだけでもリモートで番組に参加すべきです。

「日常」を止めなかったスウェーデンの死亡率は……⁉

怖いのは偽陰性なのに、感染者数に対しての死亡者数（死亡率）を出してもあまり意味がないと思いませんか？　それよりも、**ボクは国民の人口に対しての死者数が気になります**。

日本では7月中旬を過ぎても、亡くなられた方は1000人を超していませんでした。人口が1億2400万人くらいですから、0・0008％ぐらいです。

では、「集団免疫」の獲得を目指し、厳格なロックダウンも実施せずに一貫して経済活動を止めなかった国はどうか。その代表がスウェーデンです。総人口は約950万人で、亡くなられた方は約5500人ですから、死亡率は0・06％と日本よりは高くなっています。

新型コロナウイルスが猛威を振るおうと、どうしてスウェーデンは日常生活を崩さなかったかというと、「死生観」の違いが挙げられます。スウェーデン人には「人間は年取って必ず死ぬもの」という哲学が根付いているので、多くの人は延命治療を望まないし、亡くなった方の半数以上は介護施設入居の高齢者だそうです。そこは割り切っているので、北欧の中でも死者数は突出して多くなっています。

それから、コロナが原因ではなく、ほかの病気で亡くなったとしても、コロナにかかっていたなら、それもコロナによる死者数に入れているのではないかという話も聞きました。ちなみに日本では、コロナにかかって肺炎で亡くなった場合、死因は新型コロナ肺炎とするか、ただの肺炎とするかはお医者さんの裁量で決まるそうです。

また、イタリアはなんであんなにウイルスがまん延したのかといったら、財政難のために医者や病院を減らしていたことも挙げられるでしょう。

アメリカでも毎日4桁、5桁の感染者数が出てきてますが、ＰＣＲ検査をして死亡者数が減ったかというと、別に減ってるわけじゃないので、台湾や韓国の事例も含めて、日本のマスコミもちゃんと総括する必要があります。

いまだに「4月7日の緊急事態宣言は必要なかった」という人がいますが、果たしてそうでしょうか。2月からの自粛、休校、テレワークなどで中国発のウイルスはだいたい抑えられたものの、3月から徐々にヨーロッパ発のウイルスが入ってきたという専門家の先生もおられます。今が第二波なのか第三波なのかわかりませんが、まだまだ終わりは見えないどころか、7月中旬からまた感染者数が増えてきました。

日本人の死亡者の少なさについては、アジアでまん延したウイルスが弱いとか、BCG接種のおかげだとか、いわゆる〝ファクターX〟がいろいろと取りざたされていますが、いまだによくわかっていません。

そういうことも、これから検証されて出てくることでしょう。そのときは反省すべき報道も多々出てくるやろうね。

ボクが出ている番組でも議論になりましたが、やっぱりワクチン、治療薬、予防薬などが開発されるまでは我慢してやっていくしかありません。我慢して経済を回していかないと、コロナで亡くなるか、自殺で亡くなるかの選択を迫られる弱い立場の人も出てくることでしょう。だからこそ、マスコミには不安をあおるのではなく、正しい情報を流してほしいと心から願ってます。

何のために「治験」があるのか、考えたらわかるやろ

一時期、医療の専門家ではないコメンテーターがひたすら「アビガンがいい、早く承認しろ！」とテレビで何度も発言していましたが、「薬害」についてはどういった見解をお持ちなんでしょうか？　サリドマイドや薬害エイズ事件、C型肝炎なども「仕方なかった」というスタンスなのでしょうかね。

アビガンも初期胚の致死及び催奇形性が確認――つまりお腹の赤ちゃんが死ぬか奇形児が生まれる可能性ある薬だと警告されています。つまり、妊婦の方も妊娠させる可能性のある男性もダメだと。その他にも、肝機能障害、高尿酸血症、腎機能障害、嘔気、皮疹などの疑いも報告されています。

もし思いもしない副作用で体に大きな障がいが残るようなことがあったら、製薬メーカーは訴訟されるかもしれません。裁判になったら、アビガンを推奨していたワイドショーも無傷ではおられんでしょう。だからこそ「治験《ちけん》」っていうのが大切なんです。

ボクがもし新型コロナウイルスに感染して、ほかにもう手がない状況になったんなら、

個人として「アビガンをくれ」って言うかもしれません。「明らかな有効性認められず」とはいえ、症状が改善したという人もいるので、そこは自己責任です。

でも、個人が言う分にはいいですけど、**裏付けのない情報を公共の電波に乗せて推奨するのは問題があるんではないでしょうか**。

リチャード・カシンスキー先生という男前のお医者さんは、インフォームド・コンセントの下、つまり高齢者、ハイリスク者に積極的に使うべきで、自分の母親がもしかかった場合は、即アビガンを治療薬として投与するとした上で、一般の患者さんに関しての投与は慎重であるべきだとまともなことをおっしゃってました。

ボクが出ている番組では専門家の先生が、「アビガンはあくまで転用薬、代替品。新型コロナウイルスの治療薬ではないので、これを推奨するとかせえへんとかではなく、国防の観点からも、ワクチンと本当の治療薬を国家予算をつぎ込んで開発せなあかん」ということを常々言うてはりました。

ワクチンに関しては、やっぱり自国で作らないといけません。だって、それぞれの国に優先順位あるじゃないですか。仮にアメリカが開発に成功したとして、日本政府が

「頼んますわトランプはん、3000万人分を日本に売ってください。予約しときます」って言ったって、まずは自国民、先にアメリカ人全員に行き渡ってからの残り物です。残っていればまだいいですが、「日本の分は来年になります」なんて言われる可能性だってあるわけですからね。

それでも、今はアメリカと仲がいいからそういう約束ができるかもしれませんが、もし敵関係になったら回してくれるはずもありません。そこもよく考えなね。

今、自衛隊の戦闘機もイージス艦も全部アメリカのソフトウエアで動いてますから、メンテナンスもアメリカ頼りです。もしかしたら、スイッチ一つで無力化できるプログラムが組み込まれてる可能性だってゼロじゃないでしょう。

ワクチンはもちろん、**戦闘機にしてもミサイルにしても、自分の国を守るものは自国で作らないといけません**。そこに予算をつぎ込んで、開発することは国を守ることにもなるし、国の力を上げることにもなります。

もちろん、それがまた経済回すことにもなるし、国民の安心にもつながります。それが量産できるようになったら、世界に渡って、世界の人がまた経済を回してくれます。

今の日本には、昔の自動車や電化製品などのようにお金を生み出すような成長産業は見当たりません。それで観光立国を目指して、外国からのインバウンドを稼ぎ頭にしてきましたが……なんか嫌なんですよね、外国頼みというのが。実際、新型コロナが流行ると、こうした産業のモロさが出てしまいました。イタリアも一緒やけど。

でもちょっと待ってや。２０１９年の日本国内での旅行消費額は、観光庁の資料によると、日本人、訪日外国人の合計で27・9兆円。**実は、そのうち23・1兆円が日本人で、国内需要の8割以上を占めています**。

訪日外国人による、いわゆるインバウンドは4・8兆円。中国人の爆買いが強く印象に残りますけど、そのうちの1・8兆円くらいです。インバウンドの約3分の1を占めてはいますけども、割合にしたら頼り切るほどの数字ではありません。そこまでありがたがることもないんちゃうかな。

コロナを通して、「本当に大切にすべきは誰なのか？」ということにもみんなが気付いたのではないでしょうか。だからこその「ＧｏＴｏトラベルキャンペーン」だったわけですが、この7月の時点で、まるでコロナが収束したかのように始めたのは、ちょっと早すぎやったね。

沖縄の混乱はすべて国のせいやろか?

マスコミもＧｏＴｏトラベルキャンペーンを散々に叩いていましたけど、それでは旅行へ行く人が悪いみたいになって、「自粛警察」と変わらなくなってしまいます。８月末現在では、キャンペーンによるクラスター発生はほとんど確認されていませんけどね。

新型コロナの影響が直撃した航空業界では、ＡＮＡの5月の売上は国際線で97％減(前年同月比)、ＪＡＬは過去最大の１２００億円の赤字です(４～６月期)。これ、とんでもない数字です。

ＡＮＡやＪＡＬ、ＪＲなどが破産して、その関連の方々が仕事を失った場合、経済的に苦しくなって死を選ぶ人はコロナの死者数どころではなくなるでしょう。

結局、回り回って旅行・観光業界からテレビ番組に入るＣＭも減っていきますから、マスコミが自分で自分の首を絞めるというか、まさに自殺行為です。恐怖をあおって視聴率を上げたところで、スポンサーから広告料がなくなったら番組の制作ができなくなるというのにね。事実、テレビの民放5社はすべて広告収入が減っているそうです。

ＧｏＴｏトラベルキャンペーンといえば、開始前後から沖縄で感染者が急増して、ＧｏＴｏトラベルキャンペーンがやり玉に挙がりました。沖縄のデニー玉城知事はお手上げ状態でしたけど、医療崩壊寸前の状況に陥ったのは国だけのせいでしょうか。

そもそも、沖縄には夏に人が来ることはわかり切っていたことなのに、無症状者・軽症者用にホテルの部屋を押さえてなかったことが医療現場をひっ迫させました。それは都道府県の役割のひとつですから、対策が万全ではなかったと言えるかもしれません。たぶん7〜8月までにはコロナ禍が収まって、観光客が来てくれると期待していたんでしょう。ＧｏＴｏトラベルキャンペーンの影響はたしかにあったかもわかりませんが、そもそも事前に万全の対策を講じていなかったことも問題です。

今は沖縄がまるでキャンペーンの被害者のように報じられてますが、それだけではないからね。

もう指定感染症から外して、騒がんようにしましょうよ

こんなことを言ったら驚く人もおるかもわかりませんが、もうそろそろ新型コロナウイルスは「指定感染症」から外したほうがいいのではないでしょうか。

今は新型コロナの感染がわかったら無症状者でも入院か隔離をしなければいけない決まりですから、それで病院のベッドがいっぱいになって医療崩壊に進んでいく恐れがあります。8月になって重症者もやや増えつつありますが、それでも陽性が確認されている方のほとんどが軽症者。感染者も、軽症になってきたらホテルに行ってもらったりして、本当に重症な方を病院に入れるほうが重要です。

新型コロナウイルスで亡くなる方もインフルエンザで亡くなる方も命の価値としては同じ。**もう新型コロナだけ大騒ぎするのはやめて、インフルエンザと同じ扱いにすればいい段階になったのではないでしょうか。**

厚労省のデータ（人口動態統計月報年計）を見ると、2019年にインフルエンザで亡くなった方は3571人です。2018年だって3325人。一方、新型コロナで亡

くなられた方は、２０２０年8月17日現在１０８８人。きちんと数字を見て判断してもいい頃だと思いますがいかがでしょうか。

だいたい、なぜ無症状の感染者がいるのかわかるのかというと、ＰＣＲをやるからです。誰もがちょっとした鼻風邪だったら学校へ行ったりしていたはずです。コロナも無症状だったら放っとけばいいのではないでしょうか。３密を避けて、大声を出さないように気を付ければいいだけです。「移すな」っちゅうのだったら、鼻風邪でも休ませることにするしかありません。

３密であっても、電車やパチンコ屋でクラスターが発生していないということは、しゃべらなければ感染のリスクは低く、飛沫感染には要注意だということ。３密でなくても、バーベキューとかでクラスターが出てますから、やっぱりお酒を飲んでつい大声出してってていうところに感染拡大のリスクがあるということなんでしょう。

もし新型コロナのワクチンができたら、無症状で死ぬ可能性も少ない病気予防にワクチンを打つというアホな事態になりかねません。重症化する恐れのある人のために、国としてはワクチンを買ったり作ったりして、転ばぬ先の杖はやっておかなければいけないのはわかりますが、元気な子どもたちに打つ必要はあるでしょうか。いろんなデータも出揃いつつある今、勇気ある議論に期待するで！

謝罪して訂正しないのは、マスコミと野党の共通点や

某ワイドショーをはじめ、事実に基づかない情報を流したり、自分の番組の方針に合わせて医師のコメントを修正したり……アナウンサーが何回お詫びするんだというぐらい謝ってますけど、ほんまに番組の修正能力のなさにあきれてしまいます。

「先ほどの発言は誤りでした。すいませんでした」っていうのは簡単ですが、そもそも前提が間違っているのに、そこを修正せずに話だけが進んでいきます。脱線しとんねんから、元に戻さな。もういっぺんレールに乗せろよって。自分らが正しい道だと信じ切ってしゃべっているから、脱線してるとは思ってないんでしょうね。

ＰＣＲ検査の件で、土日は行政機関が休みであまり検査はしないとか、療養者向けのホテルには医者が常駐してないってデマを流したり（実際には日中は医師が常駐してい

て、急変などに対応できるように看護師は24時間体制で常駐）、現場で一生懸命頑張ってる関係者が可哀そうになります。

「ほんまにすいません、申し訳なかった」って謝って、訂正して事実をきちんと言えばいいんです。**謝罪と総括、ほんまに必要だと思います。**

それは政治家も同じです。元社会党は「拉致はなかった、北朝鮮が国ぐるみでやるわけがない」と言ってきたのは事実ですし、またどこぞの首相経験者は、横田めぐみさん拉致実行犯の疑いがある人物の助命と釈放を求めて実現させています。きちんと謝罪と総括、しましたっけ？

北朝鮮は「ビジネス」としてやってるとボクは思ってます。拉致をしておいて、お金くれたら返したるって身代金ビジネスですよ。

そんなんに屈したら絶対にあかん――と強硬姿勢に出たいところですが、拉致被害者の家族の方がいる目の前では、拉致された人らが戻ってくるのであれば、「お金払うてでも返してもらおう！」と絶対に言ってしまうわね。

こちらに悪いところがまったくないのにお金を払うのはシャクですけど、お金を払って取り戻せるなら……とも考えてしまいます。

でも、そのお金をまた核開発に使うかもわかりませんから、政府としても非常に悩ましい問題です。解決はとてつもなく難しいですわ。

だからこそボクは、「拉致被害者を取り戻す！」という意気込みを示すのではなくて、**政治家たちには「奪還」という強い言葉を使ってほしいんです。**「拉致被害者を奪還するぞ！」って。気概が全然違うじゃないですか。

日本全体、国民も世論も奪還に動いていて、「このままやったら経済支援は絶対にないぞ、日本人は本気で怒ってるぞ」と思わさないとダメです。たとえお金を払ったところで、違う人の骨を送ってきたりする国やねんから。そこは奪還に懸ける気概というか、特殊部隊を送り込むとか……今の日本のままでは100％できませんけど、アメリカだったら絶対にやるでしょうね。

結局のところ、これも憲法の話になってきます。卑劣な手段で違法に連れ去られた同胞を取り戻すこともできない憲法って、おかしくないですか？　あなたの大切な人が他国に拉致されても、話し合いを望みますか？

戦争をしたないからこそ、しっかりした議論が必要！

今の日本において、時の政権というのは憲法に手足をすべて縛られた中で動かないといけません。今、与党となっている自由民主党はもともと「憲法を改正しよう！」という考えの党ですけども、もし考えの違う党が政権を取ったら、ある意味でこの憲法の存在を利用して、「こんな素晴らしい憲法があるんだから、変えるのは嫌や！」と、改憲をずっと先送りする大義名分になってしまいます。憲法9条に縛られている限り、「奪還」なんて言葉も使えないぐらいです。

9条には「戦争放棄」「戦力の不保持」「交戦権の否認」が明記されていますが、1950年の朝鮮戦争勃発によって日本の再軍備を必要としたアメリカの思惑と、「さすがに自衛権はあるやろ」という憲法解釈のもと、「専守防衛」という、申し訳ないですけど欠陥だらけ、矛盾だらけの戦略から生まれたのが自衛隊です。

自衛隊という、どこからどう見ても軍隊を「あれは軍隊ではありません」と言い続けてきた戦後政治にも問題があるし、「自衛隊は違憲ではあるが改憲は必要ない」という意味不明な主張を続ける学者、マスコミも問題です。

国を守るために命を懸けている人らの存在を、「違憲や」、「いや違憲やない」って論じている時点でおかしいでしょ。災害の時だけ助けてもろうて、それでいいんか？　アメリカ一強で世界平和が保たれていた時ならまだしも、こんだけ近隣諸国が領土的な野心、軍事的な野心を見せている時に、いつまで自衛隊の存在を宙ぶらりんの状態にしておく気なんでしょうか。安倍首相が、敵基地攻撃能力の保有を検討すると言っただけでギャーギャー大騒ぎになりましたけど、**本来は敵基地攻撃能力があるからこそ、敵対する国同士であっても大きな争いには発展しないものです。**

争いの最も大きな抑止力になっているのが、皮肉なことに核兵器の保有でしょう。インドと中国が国境を巡って小競り合いしてますけど、大掛かりな戦いにならないのは、やっぱり両国が核兵器を持っているからです。

原子爆弾の唯一の被爆国である日本が核兵器を持つ、持たないという議論はまた別問題です。ただ、北朝鮮が今もあれだけ強気な態度でいられるのは、核兵器を持ってるからでしょう。アメリカだってあれだけ手を焼いているわけですから。

日本が核を持ったらいけないというのだったら、野党でも与党でも国会議員の方が中国なり北朝鮮なりに行って、「核を廃棄せえ！」って直接言いに行くべきです。いや、アメリカにもロシアにも、イギリス、フランスにも言いに行けや！

「核を持たない」という考えは、もちろん理想的です。でも、日本国内で「我が国は核を持ってはいけない！」と言うなら、よその国にも同じことを言うべきでしょ。なんで言えへんねん？ なんかね、自分らは手を汚さないで、暖かいぬくぬくしてる安全地帯から「我々は核を持たない！」って叫んでいるだけでは何も前に進みません。

日本側が「戦争しない」という憲法を持っていたところで、侵略してくる隣国には何の関係もないこと。「我が家は永久に鍵をかけません」って誓った家庭には、泥棒は絶対に入らないとでも思いますか？

「平和でいたいから、武力を捨てよう」というのは理想的なパラダイスかもしれませんが、今の時代ではそれは思考停止と言われても仕方ありません。

「平和でいたいから、戦争したくないから、そのための現実的な議論しよう」

それがボクの平和論です。

拉致被害者の家族の声を報道しなかったマスコミの罪

北朝鮮に拉致された横田めぐみさんの父・横田滋《しげる》さんが6月5日に87歳で亡くなりました。この時のマスコミの報道がほんまにひどいものでした。

「拉致問題が解決しないことについて、ジャーナリストやメディアの方々の『安倍晋三首相は何をやっているんだ』という発言を耳にする」

「安倍政権が問題なのではなく、40年以上も何もしてこなかった政治家や、『北朝鮮が拉致なんかしているはずない』と言ってきたメディアがあったから安倍政権が苦しんでいる」

「安倍首相は動いてくださっている。何もやっていない方が政権批判するのは卑怯だ。的を射ていない発言をするのは、やめてほしい」

めぐみさんの弟・哲也さんのこうした心からの叫びを、ごく一部のメディア以外、まったく報道しませんでした。

何なんですかこれ。報道しない自由？ 安倍首相は拉致被害者の方に寄り添って頑張ってくれたって、ボクはほんまに思います。

横田滋さんの息子さん、被害者であり当事者じゃないですか。拉致被害者の家族の方が虚偽を言っても仕方がないですから、あれが本音です。だったらマスコミ、紙媒体やテレビの方々も「申し訳なかった」と自分らの非を認めて、総括して謝罪すればいい話。日本のマスコミは修正能力がなさすぎるわー。

サッカーの試合が終わったら、勝ち負けにかかわらず反省するじゃないですか。「今日はここの連携が悪かった」とか、「ボールの離れが悪かったから、次はワンタッチでパス回していこう」とか、反省して修正するものです。それがないと、次も同じミスを繰り返してしまいます。

なのにマスコミは反省も修正もない。言いっ放し。間違いがあったら謝ったらええやん。謝って、事実だけを報道すればいいのに。ほんで、ボクらには「知る権利」があります。**マスコミの人らは「報道する権利」より、「報道しない権利」を使いすぎです。**

「報道しない権利」は受け取るボクらが決めるもの。見たくなかったら見ないし、見たかったら見る。選ぶ権利はこっち側にあんねん。だから、とりあえずあんたらの品物は全部、ボクらの目の前に出せと。変に切り取るのはやめなさいと言いたいですわ。

それにしても……石破茂元幹事長なんか拉致議連の会長だったのに、今ではブルーリボンを外しちゃって。国会議員たる者、常に拉致被害者のことを考えて全員ブルーリボンを付けるべきやろ！　そして、北朝鮮に対してどういう制裁をするのかということを議題にしてちゃんと議論しないとダメでしょ。

日本の領土、国民の生命と財産を守るというのが国会議員が守らなきゃいけない一丁目一番地なのに、それを忘れて何をふんぞり返っとんねんっちゅう話ですわ。

なんで国防の手の内を近隣諸国にさらさにゃあかんわけ？

マスコミのダメさ加減は、8月4日の河野太郎防衛相の記者会見でも明らかになりました。「相手領域での弾道ミサイルなどの阻止」を盛り込んだ自民党提言のミサイル防衛に関しての会見だったのですが、東京新聞の記者から「**中国や韓国の理解を得られる状況ではないのでは？**」との質問が飛び出したのです。

どういうこと？　日本の国防の話なのに、なんで中国と韓国にお伺いを立てなあかんねん？　これに対して、河野防衛大臣は「主に中国がミサイルを増強しているときに、なぜその了解がいるのか」、「なぜ我が国の領土を防衛するのに韓国の了解が必要なのか」と毅然と答えたのはよかったと思います。

これに続いた共同通信の記者の質問もトンチンカンでした。「**自衛隊はどういう想定で動くのか？**」って……なんで軍事行動を教えなければならないわけ？　河野大臣は「手の内は明かさない」とキッパリ。それに対して、記者は「**国の命運が総理や防衛相の手中にあるということは危険な発想では？**」とさらに質問していますが、河野大臣は「そうは思わない」と返しています。そりゃそーやろ。

どうして日本にミサイルを向けてきている国に配慮したり、手の内を明かす必要があるんでしょうか？　まったくもって理解不能やわ。頭痛い質問でございやした。防衛大臣も大変おつかれさまでした。あ、河野大臣のこの返しは100点だと思います。でもそのあとの諸々の発言は残念でしたけどね。

しかし、ピッチャーがバッターに投げる前に「次はアウトコースに逃げるスライダー投げるけど、ええかな?」って了解を得るなんて、そんなアホなことあんのかい！　真剣勝負やで。柔道のオリンピックの試合で、「大外刈りかけるから、了解してもらえる?」って試合前に言うのと一緒やろ。チームの命運がピッチャーの手中にあるのが危険な発想ですか？　1球1球みんなで話し合って決めるほうがおかしいわい！

このやりとりへのツッコミもそうですが、最近はよくボクのツイートが『東スポWeb』に拾われて報道されるんですけど、いっつも「お笑い芸人のほんこん（57）が○日、ツイッターで○○○に苦言を呈した」なんて書かれます。

なんでいつも呼び捨てやねん！　「さん」付けしてくれや（笑）。せめて「ほんこん氏」とかね。「ほんこんは……」って何やねん。無断で人のTwitterを勝手に上げてアクセス数を稼いで。ほんまになんやねん、ボクより年上か、東スポは（笑）。いや待てよ、東スポができた年は……1960年の4月か。今年で60歳。じゃあボクより3つ年上やから、呼び捨てされてもしゃあないか（笑）。

今はメディアの過渡期……このままだとテレビが敗れ去る？

ボクら芸人が一番やったらあかんのは、お客さんのことを考えないこと。それってマスコミも同じはずです。今のマスコミ、お客さんのことを無視してるじゃないですか。「知る権利」は憲法でも保証されている国民の最大の権利の一つです（憲法21条「表現の自由」には「知る権利」を保障するという意味が含まれています）。国民主権なのに、国民をないがしろにしています。文句を言うと、マスコミの人間も「我々も国民や」って言い訳するんでしょうけど、立ち向かうなら、ほんまの権力に向かってくれ。ほんまの権力、知ってはるでしょ？

現在ではマスコミが報じないこと、隠してることもインターネットやSNSで隠し切れない状況になってきています。まさに今は「メディアの過渡期」といえるでしょう。だからこそ、本当のことを誰にも遠慮しないで発信できるYouTubeが勢いを増してきてるんでしょうね。

お笑いタレントや芸能人がYouTubeをやるっていうのは、ほんの数年前までは考えられなかったことでしたが、新型コロナウイルスの感染拡大で一気に広がってきた感じです。ボク自身、自分がYouTubeやるとは思ってなかったわ。

ただ、YouTubeといってもそんなに大げさに考えていなくて、情報発信の一つのツールだと思ってます。位置付けとしては携帯電話と変わりません。

でも、電話だったら一人にしか伝えられないけど、YouTubeなら多くの人にいっぺんに伝えられるのでいいじゃないですか。ボクは電話で話しているつもりで、ボクが思うてることを皆さんにお伝えしようとしています。

もちろん、ボクとは違う考えで、YouTubeで面白いことをやりたい人はやったらええしね。ただ、あえて芸人やタレントさんのYouTubeにひとこと申すなら、カメラ回してただヘラヘラするより、ちゃんとした発信をしてほしいなと思います。

やっぱり、自分がYouTubeやTwitterをやって感じているのは、**SNSやってる人は賢い人が多いということ**。テレビでは言ってくれないようなことをちゃんと知ってはる人が多いですし、テレビでも扱われるような情報でも、全然違う角度から見て自分なりに考えて発信してる人が多いです。

10万円の特別給付金が決まって、なんでネットで申請できないのかとか、給付が遅いといわれた時も、すぐにSNSで「マイナンバーカードと住民基本台帳の紐付けを嫌がって反対してた人間がおったからでしょ。それも言わんと」みたいに書いてくる人、いっぱいいいましたから。全然テレビ報道より正しくて的確な指摘です。

そやから今、ほんまにオールドメディアの過渡期やと思います。このままマスコミが本当のことを伝えないままだったら、国民は離れていきますよ。

政治家にはなりたないけど、外からいい世の中にしていきたい

YouTubeチャンネル『ほんこんのちょっと待て』では、今話題になっていることについてボク独自の視点で考察していってます。

チャンネル登録者数は、8月の下旬で約3万8000人。まずは10万人が目標やね。再生回数は1回当たり2万いくかいかないかやから、いつか30万から50万はいってほしいわ。そないなったら、たぶん世間が変わってきたという証拠になるんじゃないかな。

もっとテレビも変わってると思いますけどね。

『ほんこんのちょっと待て』のチャンネル登録者数が増えていくということは、テレビが真実を伝えないことに世間が気付き、ほんまに危機感を持ってきたという状況の裏返しでもあるでしょう。それは逆にムッチャ怖いですけど。

当然、YouTubeにチャンネル持つのはビジネスの一環でもあるので、チャンネル登録者数が増えて再生回数が増えれば、ボクも頑張ってるかいがあるというものでございます。変な話、やっぱり経済が潤ったら好きなことをもっと言えると思いますよ。だから、今は小っちゃい波かもわからへんけど、だんだん大きなうねりには変えていきたいですし、それによって世の中も良くなればいいと思ってます。

え、だったら政治家になれって？　いやいや、それは勘弁やわ。政治家になったら、たぶんモノが言えなくなりますもん。

例えば、「ＧｏＴｏトラベルキャンペーン、今やるか？　まだコロナ収束してへんのにおかしいやろ！」ってボクが本音を言っても、今なら皆さんから「そのとおりや」と言ってもらえるかもしれません。

でも、政治家になって同じことを言ったら、「観光業界を殺す気か！」、「税金もらってるならキャンペーンに参加させるような仕事をしろ！」、「ＧｏＴｏ（強盗）みたいな顔しよって！」と、何を言われるのかわかったもんじゃない（笑）。

反対意見ならまだしも、ただの当たり屋みたいな人がもっと増えてくると思うと、しんどいわ〜。基本的に政治家は結果出してなんぼですから、大変な仕事です。

ボクは政治家になるつもりはないけども、**皆さんが政治をいい方向に変えることはできます**。もっとちゃんと選挙に行って、志ある政治家を選んだらいいだけです。

ボクも若かったらもしかしたら……だったかもわからんかったけどもね。でも、外からでも世の中は変えれんのちゃうかなとか思ってます。

そういえば、高橋洋一先生と東京都知事の話になって、「予算はいっぱいあるし、優秀な部下が動いてくれるから、東京都の知事ならバカでもできるよ。ほんこんさん、立候補すれば？」って言われました。

……誰がバカやねん！

第三章　コロナから考察する芸能人の表現の自由

芸能人のつぶやき、もっと増えてもええんちゃう？

新型コロナのせいで仕事が減って時間ができたこともあるせいか、たくさんのタレントさんがＳＮＳなんかで政治的な発言をするようになってきました。

検察官の定年を延長する検察庁法改正案に反対する「#検察庁法改正案に抗議します」の〝ツイッター・デモ〟なんかで一気に出てきた感じです。

ボクは、保守であってもリベラルであっても、**タレントさんが自分の考えを発信するのは全然ＯＫだと思います**。逆に、「なんでもっと声出せへんのかな？」と思ってるくらいです。

だって、「表現すること」を仕事にしているわけですからね。おかしいなと感じることが目の前にあるならば、「何で黙っててんねん！」って思います。知名度があるんですからどんどん言えばいいんです。

ただ、**発信するからには最低限の責任は持たないといけません**。それは何かといったら下調べ。事実関係をちゃんと調べもせずに事実と反するツイートをしたら、知名度があるゆえに世の中にウソを拡散してしまう恐れがある――そういう自覚が必要です。

もちろん、政権批判をしてもいいんです。ただ、事実関係がはっきりしないのに、「安倍政権は権力の私物化をやめろ！」みたいに言い切るのはいかがなもんでしょう。せめて、「私物化はやめたほうがええんちゃいますか？　皆さん、どないですか？」みたいな問いかけがいいと思います。

例えば、マイナンバー制度に反対する人らも多いんですが、反対意見は「国に銀行残高が知られるのが気持ち悪い」、「番号を付けられるのはロボットになったみたいで嫌」、「国民を家畜化するつもり？」、「アクセスできる公務員が興味本意で知り合いの預金額や病歴を調べそう」などなど、ビックリするくらい憶測と感情論であふれています。

そうした意見に乗せられて、「私、ナイマンバーに反対します！」とツイートする前に、出来事の表面だけではなく、本質を見抜く努力はするべきでしょう。

だって、情報漏洩に対する国のセキュリティ能力を別にすれば、ごく普通に生活している人には何にも困るような制度ではないじゃないですか。

むしろ、年金や生活保護の不正受給、脱税などに手を染めている人らにとってはメッチャ不都合な制度です。不法滞在の外国人や在日外国人の生活保護不正受給はもちろん、海外への違法な送金などもやりづらくなります。

逆に考えると、脱税や裏金作り、海外への違法送金などを行っている勢力が、「国に個人情報が管理されるなんて気持ち悪いでしょ？　しかも、銀行の口座まで丸裸だから、情報流出したら大変なことになりまっせ！」とあおってマイナンバー制度反対の世論を作っている工作活動の可能性もあるわけです。

政治的発言をするのであれば、そこまで考えてしないと、知らず知らずに日本弱体化を狙う勢力に利用されてしまう恐れもあるんですよ。気を付けなあかんで。

Twitterは情報を集めて精査できるツールにもなんねん

政治的な発言をしたら、そりゃあ、叩かれますよ。特にテレビに出てると、「イメージが違う」とか「そんなことを言うとは思わなかった」、「いい気になるな」、「芸能人のくせに」など、純粋に発言内容だけを見てもらうことがなかなか難しくなります。

でも、こういう意見にカチンと来て、感情的に反論するのが一番やってはいけないこと。言葉が汚いのはいけませんし、誹謗《ひぼう》中傷は論外です。まぁ、いろんな意見があるのは世の中が健全だと思うことにしましょう。

ただ、おかしいなと思ったなら、声を上げるべきです。例えば、6月7日にビックリするようなニュースが流れました。「香港への国家安全法制の導入を巡り、中国を厳しく批判する米国や英国などの共同声明に日本政府も参加を打診されたが、拒否していたことが6日分かった」（ワシントン共同通信）という報道です。

民主主義の国である日本が拒否？ ええ〜これ、ほんまなん？ ただ、このニュースソースだけで国をいきなり批判するのは危険です。疑問に思ったボクは、

「この記事は／事実ですか？ 事実ならば／理解不能は／私だけ」

とツイートさせていただきました。ジャーナリストの井上和彦さんも、

「もしこれが本当なら日本は終わる」

とツイートしていましたが、ちゃんと「もしこれが本当なら」という前提を書かれています。でも、そこの部分を飛ばして決め付けて書いてしまうと、知らないうちに日本

を貶めるフェイクニュース拡散の片棒を担がされる可能性も出てきます。

ボクが「この記事は／事実ですか？」と疑問形でツイートしたことによって、「デマです」、「フェイクニュースですよ」と、いろんな方が事実かどうかそれぞれ調べてくれはりました。ああ～デマでよかった！

だから、ある意味で**Twitterを上手く利用したらいいと思います。広く情報を収集して精査するツールになりますよ。**

そして、それが広がっていく中で、「日本も誤解されないようにちゃんと発信しないとあかんがな」って、みんなが考えるようになります。それは小っちゃい波かもわかりませんが、やがて大きなうねりに変わっていったらいいなと思ってます。

誰かがあることでつぶやいて、それをいろんな方がリツイートして、やがて「バズる」という現象になって、事実が浮き彫りになってくることもあります。

「Twitterを「利用」ということでいえば、アンケートを取るのにも便利でっせ。「おでんの具といえば？」ってツイートしたらけっこう返ってきますよ。「大根に決まっとるがな」、「いやいや、がんもでしょ」とかね。平和でしょ（笑）。

発信するからには「決め付け」は大問題やで

コロナ禍でバズった話題といえば、やっぱり「#検察庁法改正案に抗議します」でしょう。ただ、これも大騒ぎするほどのことなんやろか？

検事長の定年延長っていうのは、検察内の跡目相続争いにすぎません。それに政権が巻き込まれただけです。だって検察の人事は「行政」ですよ。「司法」だと勘違いしてる人、いっぱいいいるんじゃないでしょうか？

三権分立に簡単に触れておくと、行政権が法を執行する権力（内閣）、司法権が憲法や各種法規を執行する権力（裁判所）、立法権が法を定立する権力（国会）です。つまり、そもそも検事長の人事権は行政＝内閣（総理大臣）にあるのです。ちなみに、司法のトップである最高裁判所長官の指名も内閣が行います。最低限、このくらいは調べた上で発信するべきです。

「検察官に『国家公務員法』の定年制は適用されないとされてきたのに、今回はおかしいんじゃないですか？」という疑問を発するならわかります。でも、「検察の人事に政府が介入したことに抗議します」というのは問題があります。「抗議」ってどういうこと？　「検察の人事に政府が介入したこと」を事実だと決め付けてるし。

だからこそ、知名度があるタレントさんが政治的な発言するからには事実確認が重要です。だって、ボクらテレビに出てるということだけで、ある意味、顔も名前も個人情報もさらけ出しているので、世間の皆さんは信用してくれるんです。「こんなテレビに出てる人がウソつかんやろ」って。

テレビに出て、レギュラー番組を何本も持つことはすごい信用度になります。銀行でもお金を貸してくれますよ。え、ボク？　今のボクは貸してもらわれへんな、出番が少ないから（笑）。

でも、ほんまにそういうこと。芸能人がTwitterで政治的な意見を述べる場合は、そんな前提の上でやらなければダメなんです。

「疑問に思ったら、別に何も調べないでボクは言いますよ」っていう吉本の後輩もいますけど、いや、何でも言ったらいいということではないんです。疑問を呈するのは構いませんが、事実を知らないのに言い切ってしまうのではバッシングと変わらなくなってしまいます。

それは「表現の自由」とはちゃうねん。

ＳＮＳでの発言は決め付けはいけないし、何でも言えばいいってわけではない――そのルールを破っているのが、まさにアメリカの大統領なんですけど（笑）。Twitterの中でも民主主義じゃないといけません。

ボクの意見だって１００人中１００人が認めることはありません。30人が反対するかもわからないし、60人が反対するかもわかりません。でも、「これが私の意見です」と表明すること自体は憲法で許されています。だからこそ、デマやウソはいけないし、その裏を取らずにデマやウソを拡散するのはもっといけません。

今回のような件で行政にストップをかけたいのなら、我々ができるのは「立法」に働きかけること。そう、それが「選挙」です。現政権が嫌なら選挙で今の与党に代わる政権を選び出せばいいだけです。でも……ほかに期待できる野党がないのが日本の不幸です。しんどいなぁ。与野党の皆さん、もっと頑張ってや〜〜。

政治的発言をするからには覚悟と責任が必要や

テレビタレントが政治的発言をするからには、自分の発言によって番組を降ろされても仕方ないと覚悟の上で発言するべきでしょう。それが責任です。だからといって、委縮して発言をやめるのではなく、ちゃんと調べてからモノ申せということです。

芸術祭「あいちトリエンナーレ2019」の展示された映像作品に関連して、愛知県知事のリコール運動に賛同したコメンテーターが情報番組を降板させられましたが、発言前にそれを覚悟をしてはったはずです。ボクは立派やと思います。

しかも、「番組スタッフは何も悪くないから責めないでくれ」、「知事のリコール運動に関わるのは選挙に立候補するのと同じぐらいのインパクトがあるから降板はしょうがない」ということをつぶやかれてね。権力と戦うというのは、こういうことです。

え、ボクは大丈夫かって？　いやいや、ボクがテレビで言うてるくらいのレベルで番組から降ろされるようなことがあったら、それは「言論の弾圧」ですよ。降ろした時点でえらいことになりまっせ。この国には言論の自由はないのかと。

だからこそ、自分の発言が誹謗中傷や人格の否定だと取られないような、最低限度のモラルや倫理観が必要だと思います。それがなかったら、SNSで発信するのは禁止！ただ、それですぐSNS上の発言を厳罰化せよとか、司法に訴え出るとかというのは、ボクはちょっと意見が違います。これ、被害者側も努力しないといけないと思います。「は？ なんで被害者が努力しないとダメなの？」って思う方もおられるかもしれませんが、実はこれ、「国防」と同じです。**正確にいうと、「被害者にならんように努力せなあかん」ということです。**

つまり、日本の国防で考えたら、近隣諸国は日本の事情とは関係なしに攻めてくるかもしれないので、それに対してはこっち側がしっかり鍵を掛けないといけません。それでも攻撃してくるならば、こっち側の意思や考え方を変えるしかない——国防でいうなら、それは「憲法改正」の議論です。攻めてくるやつにはこっちの事情とか関係ないですから、平和を維持するためには、こっちが変わるしかありません。

要は、SNS上で責任感を持って発信する分にはタレントだろうが誰だろうが構いませんし、議論に発展する分には全然いいことなんです。だけど、誹謗中傷というのは

「侵略」やからね。被害者にならないためには「戦う」気概が必要です。**そういう意味で、SNSは国防を映し出してるとボクは思います。**

ボクと考えが違っても、与党になったらいいところは応援するよ

SNSで発言するからには責任と覚悟が必要とは言ったものの、政治的思想の違いで絡んでくるような人もいるので、その対処はたしかにしんどいよ。人間一人ひとり考え方が違って当然なのに、それを理由に人格を全否定する意味がわかりませんが。

ただ、ボクの真っ当な発言に誹謗中傷してくる人間が多ければ多いほど、「ああ、痛いとこ突かれとんねんな」と思うわけです。「ええジャブ当たってんのや」と（笑）。でも、相手が打ち返してきたところで誹謗中傷しか武器がないから、こっちはしんどいけど、効きません。政策論でかかってくるならまだしも、議論の基本が全然できてないから相手になりません。あんまり近寄り過ぎれば、もうすぐレバー打ったるぞ！　まあ一喜一憂してたらしんどいですわ〜。

何かツイートした場合、それに対する反論やコメント、リツイートで賛否両論どちらも見られるので、すぐに正論が判断できるということではけっこう便利なツールだともいえます。

自分が被害者にならずに済むように、変なコメントが来たらすぐにブロックするという手もあります。ボクの場合は、いきなりブロックするってことはなくて、来たコメントをリツイートするようにしてます。誹謗中傷されてもアツくならず、「こちらが申し訳ございません。私はこういうつもりでやっております」ってまず丁寧に謝ります。意見が合わない人と怒鳴り合ってもしゃあないですから。それで向こうが口汚く言い返してきたら、それをリツイートしてからブロックします（笑）。そしたら、相手のコメントに対して、フォローしてくれている人たちが「おまえ、何もわかってないな！」ってガッといってくれるんですよ。ボク、意外に冷静でしょ（笑）。

でも、最近Twitterやってる人が言うには、そういう人はどんな形であれ、反応してもらえるのが一番嬉しいらしいですね。構ってもらえたって。だから、ほんまは無視して、ブロックかミュートするのが一番。じゃないとメンタルがもたんで。

いずれにしろ、嫌だったらなんでそんなにボクのことを気にするんでしょうね。嫌ならボクのツイートなんか放っといてくれたらいいのに。政治的思想が違うというのなら、あなたの考えや思想を体現してくれる政権を勝たせて与党にすればいいだけです。だから頑張ってくれって、それだけです。まあ、ボクも決して自民党信奉者ではないけどね。

そもそも日本は民主主義ですから、ボクとは考えの違うその人らが与党になっても、ボクはダメなところは言いますけど、いいところは賛同して応援しますよ。そういう姿勢がその人らにあるのかというと、それはないでしょ。

「嫌いや」っていうのはずっと嫌いなままだけど、民主主義で国の代表として選ばれたからには、少しはいいところを見つけるようにすべきだと思いますが、どうですか?

謝るくらいなら、最初から誹謗中傷なんかするなや!

最近、タレントさんや著名人、ユーチューバーがネット上での誹謗中傷に対して法的措置を取ることを宣言するケースが増えてきているようです。

例えば、メンタリストのＤａｉＧｏさん。恋愛リアリティー番組『テラスハウス』に出演していた木村花さんの訃報を受けて、ネットの誹謗中傷に対して、

「アンチに容赦など不要。損害賠償だけでなく、勤務先の会社にも内容証明送りつけて【社会的に抹殺】すべき」

「僕は訴訟から勤務先への内容証明送付まで【示談なしで全部やりますよ】」

と強い調子で報復を宣言し、訴訟の準備に入ってるみたいです。

この宣言の後、複数のアカウントがリプライやYouTubeへのコメントを削除し始めたようですが、

「安心しろアンチたちよ。魚拓は何年も前から取ってある」

とＤａｉＧｏさんは余裕で応えてはります。

また、ブロガーで作家の方が開示請求の手続きが完了したことを明らかにしたら、その人のとこに謝罪がメッチャャ届くようになったそうです。

何やろね、この「アンチ」っていう人たちは。全然、覚悟ないやん。会ったこともない人の人格を否定して、訴えられてもおかしくないことを書き込んだのだから、自分の

やったことに責任持てと言いたいですわ。

面白半分で人を傷つけて、相手が本気で怒って自分の身元がバレそうになったら平謝り……って、これからはそんなんで済まないよ。それでも誹謗中傷するなら覚悟持ってしーや。ほんまカッコ悪いで、自分ら。

女優さんが提起した種苗法改正問題、どっちがええんやろ？

芸能人によるTwitterといえば、とある女優さんが4月30日、

「新型コロナの水面下で、『種苗法』改正が行われようとしています」

と投稿したことで、大きな話題となりました。

種苗法改正――。これも難しい問題で、農家の権利を保護するのか、農家の経営圧迫につながるのか……どっちも言っていることはわかるし、どっち側がええんかな。

ボクももうちょっと勉強しないといけないなとは思うんですけど、要は知的財産権みたいなものですよね。

農家の人が努力してイチゴやブドウなどいろんな品種を改良して取り組んでいるのに、種を盗まれて隣国なんかで違う名前で売られてたりするのはいかがなものかなとはたしかに思うし、一方で登録された優良品種は自家採種が制限されて、種を毎年農家の方々が買わなきゃいけないというのもおかしな話だと思うし。

ここで視点をグローバルに移すと、世界の種苗会社の「バイオメジャー」への変貌という動きが見えてきます。世界の種苗会社は遺伝子組み換え、ゲノム編集といったバイオ技術の波に飲まれて、業界再編の真っただ中にあるのです。

業界1位だったモンサントはバイエルに買収され、ダウ・ケミカルとデュポンは2017年に経営統合してダウ・デュポンとして上場、業界3位だったスイスの種苗会社シンジェンタは、中国の石油系化学メーカーのケムチャイナに買収されました。う〜ん、なんか臭いますね。

結局のところ、この話も検察庁法改正案と同じく、新型コロナ感染拡大の最中に、こうしたまだ議論が必要な重要法案を政府が国会で通そうとしてるということで、いらない詮索を生んだようです。

この法律も取り急ぎ決めるのでなくて、消費者である国民にちゃんと説明して理解させることが必要だし、何よりも農家の人が被害を被《こうむ》るようなことがあってはいけません。どっちが国益にそぐうのか——そこの議論が必要です。

「自家採種禁止。このままでは日本の農家さんが窮地に立たされてしまいます」

そう女優さんは言うけども、何もしないで手をこまねいていると、日本で作った優良品種が海外流出して海外で品種登録されて、逆に日本の農家が訴えられるなんてことも絵空事じゃありません。

芸能人、タレントがTwitterで意見を発信するのは大切なことですけど、世間に対する影響力が大きいからこそ、もっと勉強が必要やろうね。

第一次産業を守るために、国が管理してもええんちゃうか

例の女優さんが日本の農業を心配してはるように、林業や漁業なども含めて第一次産業はこれから人手不足になるから、残念ながら衰退していくと思います。

ボクが出演している番組でも農業を取り上げて、国民の自給率やらカロリー計算やらして、将来はどうなるのかシミュレーションしましたけど、やっぱり人手不足によって危機的な状況に追い込まれそうです。持続可能な産業にするためには株式会社にするのがいいのか……なかなか難しい問題です。

漁業もね、漁業権がややこしいんです。そこを国が管轄してやるのかどうか。漁業保護のためには、逆にそこは社会主義を導入してもいいのではないかとボクは思いました。でも、普段は共産主義、社会主義のシンパでも、「国が管理する」っていったら、そこでも反対するんですよね。そんで「人権が」、「監視社会になる」って……いやいや、漁業を滅亡させないための方策やで。何なん？　どうしたらええねん。

いわゆるリベラルとか左の方がモノを言い始めたら話が前に進まないのよね。そちらの方々は「革新派」とか「改革派」って言われているけども、きちんと話し合えば「保守」のほうが改革に前向きだったりします。

共産主義、社会主義が好きなのに、国が管理するということになったら嫌がるって何なんでしょう。じゃあ、あなたたちが認めてる国はどこなの？　放っといたら弱肉強食で日本の農業も漁業もなくなってしまいますよ。

外国の農薬まみれの作物や遺伝子組み換え食品が嫌だというなら、日本の産業を守っていくしかないでしょう。日本の農業や漁業を守ることは賛成、でもそこに国が出てくるのは反対って、それはダブルスタンダードやで。

農家とか漁業の人らのためではなく、ただ政権の足を引っ張ったり、貶めたりしたいだけじゃないかと感じてしまいますわ。

国民にとって大切な食に関わる産業を守るんですから、国が税金を使って管理することも民主主義といえるんじゃないでしょうか。農家の人に負担をかけるのであれば楽にさせてあげたらいいと思います。

税金を使う以上、農家の人に利益があるように考えて政策を作っていくのが政治家であり、その政治家を選ぶのが我々——それが民主主義です。

検察庁法案のことでも、行政に目を光らせてるのが我々国民であって、行政の執行機関が内閣。ではその内閣は誰が決めるのかといったら、やっぱり選挙の積み重ねです。

芸人の不倫ばっか追っかけてる場合やないやろ！

6月18日、66日間連続で尖閣諸島周辺で中国当局の船が確認されたことが発表されたのに、ワイドショーもスポーツ新聞も芸人の不倫問題一色でした。何やねん、それ！

そこでボクが、「危機感を持たなければ　メディアの皆さん！報道して下さい。切に願います」とツイートしたところ、スポーツ新聞やネットニュースが拾ってくれて、予想以上に拡散されていきました。自分の意見が多くの人に知られるのは嬉しいことやけど……怖い怖い。

ああいうひとことで動く大衆迎合的な政治が怖いんですよ。それやったら、胸張って立候補して言うって。怖い怖い。ボクの言うことなんて拾わんといて（笑）。もちろん、「我が国の領土の中でこんなんのが起きてるんやで」っていうことが知れわたったらいいとは思いますけども。

新聞やネットで自分のツイートが拾われる回数が増え出したのは、小泉進次郎さんの発言に対して、「何を残してん、政策は何やねんっていう話やん。そういう民度の低い話やらん方がええで。芸能界でやりゃええねん。興味はええけどそれだけじゃあかんやん。こんなもん明治維新の人等が見たら泣くで。ふざけんなっちゅうねん！」と、2018年9月にツイートしたのがきっかけです。何の実績もないのにイメージだけで「次期総裁候補」とおだてられて……何やねん！　結果やぞ、政治家なんか。そういうことを言うたがために、こういう世界に足を踏み入れてしまいました（笑）。

バズるのを狙っていたわけじゃないので、自分の発言が拡散するスピードに驚きました。もちろん、これだけ言うからには、ボクは覚悟をもって言うてますけども、ほんまにTwitterでもYouTubeでもアップした瞬間に「いいね！」を押してくれる人がおるんですよ。上げた瞬間ですよ。

「いやいや、中身見てないやん。それはあかんで」とも思ってしまいます。賛同してくれるのは嬉しいですけど、そこに自分の意見も乗っけてくれての「いいね！」だったらなお嬉しいですけどね。

ボクは、一般の方々からの書き込みもちゃんと読みますよ、最初の2通ぐらいは。そんで、「ああ、好意的やな、よかった」って安心して閉じる（笑）。たいがい好意的な意見のほうが多いかなぁ。

でも、尖閣の問題含めて、自分がまったく間違ってないと確信して言っていることでも、やっぱり1割は反対する人がいます。反対してる人は何でだろうと不思議になります。だって、尖閣を争いごとの材料にしてるのは日本側ではないですからね。「ここで領土問題が起きてるんですよ！」と国際社会に知らしめるために、日本の領土に押し入ってきてるのは隣国のほうですから。

ほんまに中国との密約があったんなら憤慨やで

尖閣の問題で、最近一つ気になったのは、ジャーナリストの須田慎一郎さんが『TVタックル』（テレビ朝日系）で言うてたこと。それは……

「第二次安倍政権下では尖閣諸島に中国の公船が1日に4隻まで入ってかまわないと密約がある」

ええ～、マジですか⁉ そういえば、領海に入ってくる船はずっと4隻や……ほんまかいな！　しかも、中国から毎日どう公船が動いたかの報告が入り、須田さんはそれを見たと……なんやねん、密約って！　政府がほんまに認めていたなら、ボクはちょっと憤慨ですけど。

そういえば、この6月に石垣市議会が行政区域として管轄する尖閣諸島の字名を「登《と》野《の》城《しろ》」から「登野城尖閣」に改名することがニュースで流れたら、中国は対抗して尖閣諸島周辺海域を含む東シナ海の海底地形の名称を公表しました。

結局は、実効支配を強めてる南シナ海でのやり方と同じです。中国は2012年に一方的に南シナ海の各諸島を管轄する自治体として「海南省三沙市」を設定しましたが、この4月に「西沙区」と「南沙区」を新設すると発表しました。世界中が新型コロナウイルスの感染拡大でそれどころじゃないっていう時に乗じてね。

同じことは東シナ海でも絶対に起きますよ。ただ、おそらくこれは日本を抑えるためじゃなく、台湾を抑えるため。そして、台湾に起こることは絶対に沖縄にも起きます。

今、中国は香港を手中に収め、次の標的は台湾です。その次は沖縄、そして日本と迫ってくるでしょう。

ほんま、**芸能人の不倫やら浮気なんてどーでもええから、国の将来を左右する重大事はちゃんと報道してくださいよ、マスコミさん！**

日本は値段の安さに飛び付き過ぎたんとちゃいますか

芸能人に限らず、与党であろうが野党であろうが、政治家もかなり外国勢力に侵食されてるのではないかなとボクは危機感を抱いています。それが「反安倍」の風を起こしていたと思っていますが、安倍政権は逆に外国勢に都合の悪い政権であって、それだけ警戒されていたという表れではないのでしょうか。

今のところ、海外の共産勢力の息のかかった日本国内の工作員の狙いは日米同盟を崩すこと。だから、台湾については何も言いません。尖閣でこれだけ日本を挑発している中国の習近平国家主席を国賓として日本にまだ呼ぼうとしてるのもおかしいでしょ。

やっぱり経済的に中国に依存し過ぎたツケが回ってきています。あっちに工場建てて、安いものを作らせてきた報いです。せやから、これからは100円のものは100円、

1000円のものは1000円でよしとしましょう。安いものにみんな飛び付きすぎました。それで一層デフレも進行して……あ、デフレで日本を苦しめる工作やったのか？ほんまに500円の価値があるものはちゃんと500円で売ればいいだけです。それをなんで100円で売るねん！

やっぱり経済依存が大きいですよ。「数は力」やから、14億人の人口にはかないません。それに対抗して、経済的に「脱中国」を考えると、インドなどともっと仲良くする必要も出てくるんじゃないでしょうか。

今回の新型コロナウイルスで国と国の往来がストップしたことで、産業的にも中国依存が明らかになりました。一つの品物を作るのに、ほとんどの部品製作を中国に任しているようなこともわかったはずです。たとえ部品の90％は日本国内で作っていたとしても、残り10％の特殊な部品が中国でしか作っていなければ、今回のような事態になった時に完成品が作れません。そのためには別のサプライチェーン、例えばベトナムやカンボジアにも同じような工場を作って、リスクを分散する必要が出てきます。それで値段が多少高くなるのは仕方がないと思います。

自粛で外に遊びに行けないから、家でゲームでもと思って『Nintendo Switch』を買おうと思っても、中国で生産していていているから出荷できないという事態も起こりました。日本の会社で、工場も日本にあるのに、なんでやねん！

これも、実は向こうの戦略だと考えたら怖くないですか？　事が起こった時にすべて「自国が優先や」って言われたら、手も足も出ません。文句も言われへんもん。

現状では、明らかに日本側より中国側が持っている切り札もお金も多いんですから、注意していかないけません。

とにかく内需の拡大が大事！　中国ばかりに批判は行きがちやけど、日本も中国にオンブに抱っこやったんちゃうん⁉

勘違いしてもらったら困りますが、ボクは中国の人が嫌いなわけではないし、中華料理も大好きやし、だいたい芸名が「ほんこん」ってくらいだからね（笑）。でも、日本が好きだし、魂だけは売りたくないねん。もし、とある勢力から「1億円あげるから、日本を貶めるツイートを頼まれたらどうするか」だって？　つまらんことを聞くなよ（怒）。絶対にやらへんわ！

え、外国資本に「たこ焼き屋を1億円で売ってくれ！」って言われたら？　それは、それは……ビジネスやからね、うちの従業員も付けて、1億円でええよ（笑）。

第四章　コロナが教えてくれた国防の重要性

国を守る人に敬意を持てない残念な人らもいっぱいおんねんな

新型コロナウイルスに対応する医療従事者に感謝を示すために、5月29日、航空自衛隊のアクロバット飛行チーム「ブルーインパルス」が東京都心を飛びました。これに対して「政治利用では?」なんて、ケチをつける人たちもやっぱりいてました。

ボクは「みんな! 上を向いた! 感謝‼」とツイートをしましたが、案の定、「こんなことにいくら予算をかけたんだ!」、「その費用分を医療従事者に回すべきだ」というコメントも寄せられました。

批判を受けた河野太郎防衛大臣が6月1日、都区内を飛行した航空自衛隊のブルーインパルスについてかかった費用は「約360万円」とブログで説明したら、それにまたかみつく人らもおって……ほんま、しょうもな。

医療従事者への感謝をあれだけの形にして示すことがそんなに悪いことですか? 東京オリンピックの練習も兼ねて、しかも燃料代も360万円に抑えてね。

専門家から聞きましたが、**ジェット機の燃料には消費期限があるんですって。**つまり、使わないと廃棄しなければならない燃料もあるわけです。

「燃料代が」と言うのやったら、外国の船が尖閣諸島にちょっかい出してきて、この1月から3月までスクランブル発射が152回ですよ。

航空自衛隊は1機では行けない決まりになっていますから、必ず2機で行きます。1機110km、往復220km。そこで使う燃料のせいで、我われの税金10億円がムダ遣いさせられているわけです。

外国から侵入して来なかったら、わざわざ飛行機飛ばして燃料を使うこともありません。そのこともテレビでちゃんと論じてほしいものです。

そもそも、国会議員はこの「コロナ禍」でもボーナス319万円の満額支給。選挙違反の疑いで逮捕された河井克行・案里夫妻にも638万円支給されてますよ！　費用対効果、コストパフォーマンスを考えたら、ブルーインパルスの360万円は安いでしょ。

この件を批判する人らは、基本的に「自衛隊は憲法違反」と考えているから仕方がない部分もあります。憲法9条には「陸海空軍その他の戦力は、これを保持しない」とたしかに書いてありますから。この矛盾を放置して、憲法改正から逃げてきた歴代政権に責任があるんですが……それはまた別の機会に議論しましょう。

ここで言いたいのは、**災害になった時には、自衛隊の方は自分らの存在自体を批判してる人らも助けるということ。**政治的なスタンスの違いを超えて、国土を守る自衛隊の方に対して、敬意を持っていただけないかなと思います。

今回のブルーインパルスを飛ばしたのが自衛官、そして彼らが感謝の意を示したのが医療従事者。両者に共通してるのは、共に国民の命を守ってる人たちであるということ。その人たちに素直に手を叩けない、ありがとうと言えないというのは、「戦後、日本は何という教育をしてきたんだ……」と、ほんまにがく然としました。

死者も院内感染もゼロの自衛隊中央病院の奇跡、知ってまっか?

新型コロナウイルスの感染者を乗せたクルーズ船「ダイヤモンド・プリンセス号」が横浜港にやってきたのは2月3日のこと。ボクは最初っから経産省やら厚労省やらが感染拡大を抑えようとしたって無理やと思っていました。

ボクは防衛省がコロナ対策を担当するべきだったと考えています。ダイヤモンド・プリンセス号や武漢からのチャーター機で帰国した感染者112名を受け入れた自衛隊中央病院では死者はゼロで、4月上旬までにすべての患者を退院させたといいます。

5月27日の時点で約220人の陽性患者を受け入れながら、院内感染者がゼロであることから「世界レベルの奇跡」だともいわれています。

自衛隊中央病院のホームページには、ダイヤモンド・プリンセス号から搬送された新型コロナウイルス感染者（陽性）104症例について書かれています。それによると、17の国と地域の乗員、乗客104名の平均年齢は68歳、男女比半々。乗員は30〜50代が中心で、乗客は70代中心でした。

乗客のうち半数近くの48％に高血圧などの基礎疾患があったにもかかわらず、死者をゼロに抑えたというのですから驚きです。

自衛隊の活躍は、よその国だったら「うちの軍隊では感染者がゼロですよ！」って絶対にアピールしてるでしょうね。

5月8日の『Nスタ』（TBS系）で放送されてましたけども、自衛隊中央病院に入院していたドイツ人ご夫婦が「ほかの患者さんと『この病院に入院できて私たちはなんて幸運なんだろう』と言い合いました」、「もう一度日本に行きたいです」とお礼の手紙を防衛省に送ったというニュースを取り上げていました。

自衛隊中央病院の治療データにより、新型コロナウイルスという未知の病気に対しての基礎知識が日本の医療従事者に共有されたことは、その後の治療対策に大いに役立ったと思います。最前線で見事に未知のウイルスに対処した自衛隊と自衛隊中央病院は、もっと評価されてもいいのではないでしょうか。

自衛隊が見せた感染対処能力は、ある意味で日本の「国防」を見せつけました。生物兵器テロに対しても抜かりのない対応ができることも示したといえるでしょう。

国防というと、どうしても日本の領土を守るという面に目が行きがちですが、**感染症から国民を守ることももちろん国防に含まれます。**

その実効性を高めるためには、やっぱり「憲法改正」への議論は避けられません。少なくとも「憲法改正の議論を始めてや」と思いますし、「憲法改正の議論すら必要ないというのはやめてえや」と国会議員の方々にはお頼みしたいものです。

もし、次にもっと怖い感染症が来たらどうするんですか？　先進国で日本くらいですよね、ＣＤＣ（アメリカ疾病予防管理センター）みたいな感染症対策の総合研究所がないのは。これを機に、自衛隊主導でそういう医療研究機関を作ったらどうでしょうか？自衛隊の方には負担かもわかりませんけども、防護服などを備蓄してるのは自衛隊です。自衛隊こそ感染症や疾病のプロフェッショナルですから、自衛隊中央病院で教えてもらうことも多々あると思います。

今は感染症は厚労省、サイバーテロは警察、生物化学兵器は自衛隊、防衛省と三つに分けてますが、国防という観点からすると、このすべてを自衛隊の一つに集約するべきなのではないでしょうか。

日本が軍隊持ったらほんまに外国を侵略すると思う？

感染症は、病原菌やウイルスなど見えない敵との戦いであることからいえば、それは間違いなく有事です。**有事にはやっぱり有事の専門家が必要です。**

日本で有事の専門家といえば自衛隊しかいません。ただし、いまだに自衛隊にアレルギーを持つ人は多いのですが、それは戦後アメリカによる自虐史観の刷り込みが成功している証でもあります。

アメリカとしたら、極悪非道な軍事国家の日本が民主主義国家に対して無謀な戦争を仕掛けてきて、アジア諸国に迷惑を掛けたという教育を植え込んで、非戦の憲法を押し付けました。なぜかというたら、能力の高い日本を二度と敵に回したくないからです。

アメリカは、第二次世界大戦で身をもってそれを知ったはずです。

とにかく、そんな悪い国には軍事力は持たすことができないということで、在日米軍が日本を守ることになり、自衛隊ができた後もアメリカから武器を買わされて、アメリカの軍事産業を潤してきました。

アメリカは75年前からそういうふうに考えてやってきて、それが上手く機能しているわけですから、それはそれですごいと思います。

アメリカは日本の封じ込めに完全に成功しましたが、日本に何かあった時に守ってくれるという確証はありません。現に、尖閣諸島に押し寄せる外国船や、竹島を不法占拠している韓国軍を追っ払ったりしてくれることはないわけです。

同盟を結んでいても何が起こるかわかりません。1945年、広島に原子爆弾が落とされた2日後の8月8日、ソ連がいきなり不可侵条約を破棄して宣戦を布告、長崎に原爆が落とされた9日から満洲や北方領土などで戦闘を開始した歴史もあります。

アジアで日本軍は非道な行いをしたっていいますけど、この時のソ連軍も国際法を無視したひどいものでした。

終戦後にソ連軍に攻撃された国後《くなしり》の方にボクはインタビューしたことがありますが、強奪、略奪、強姦、そして殺戮の地獄絵図やったそうです。樺太とか北方領土の終戦の日は8月15日ではなく、10月22日まで続いていたんですよ。

せやから、ほんまに信用できないんですよ、外国いうんは。米軍・米兵が日本を見捨てたらこの国は終わりですよ。

そうならないためには、日本が真の意味での独立国となる、つまり憲法改正の議論から始めなければいけないのです。こういうことを言うと、「ほんこん、戦争したいのか!」とかみついてくる人もいるでしょう。

でも、そうやないねん。**戦争をやりたないから、憲法を変えて、軍隊で国を守らなくてはいけない――まずはその議論から始める必要があるんです。**

日本が軍隊を持ったら、近隣諸国を侵略にいくと思いますか？　そんなに自国民のことを信じられないですか？

このまま憲法改正を議論しなければ、玄関の鍵を閉めないまま豪邸に住んでるようなもの。どんどん強盗が入ってくるで。

自衛隊の存在を認めるいうことは、玄関を施錠して、玄関前に屈強なセキュリティのおっちゃんを座らせておくことを外へアピールするという話なんです。強盗にしてみれば、「取りあえず、ここはやめとこか」ってなるじゃないですか。強盗するために武器を持つのではなく、強盗から守るために武器を持つんです。

憲法改正の議論と同時に、国のセキュリティのために血税を使うことを議論していく必要もあるでしょうね。

侵略されるのを黙って見てんのなんて勘弁やで

「日本が軍隊を持ったら戦争する」と思い込んでいる人らが多いですけど、そんなに日本人って好戦的な民族でしょうか。

中国も北朝鮮も韓国も軍隊を持ってますが、だからといって戦争しているかというと、そんなことはありません。ま、北朝鮮と韓国は休戦状態であって、戦争状態にあるともいえなくはありませんけど。小競り合いはありますが、軍隊を持っているという理由で衝突しているわけじゃないのはいうまでもないでしょう。

アメリカくらいですかね、絶え間なく戦争してるのは。そういう意味では、日本が再軍備をしたらアメリカに巻き込まれるという心配は出てくるかもしれません。「集団的自衛権や」っていうて、日本には利害のない中東の国を一緒に攻撃してくれとアメリカに頼まれる事態も想定されます。それはそれでちゃんと議論しておくべきことです。

21世紀に入ってからもアメリカはアフガニスタン、イラク、リビア、ＩＳＩＬ（イスラム国）などと交戦していますが、どの相手も核は保有してないことに注目すべきです。

アメリカは中近東の「大したことはない（核は持っていない）」相手とは戦い、核を持ってる中国や北朝鮮はある程度の挑発はするものの、武力衝突には慎重です。

日本はもちろん核を持っていません（使用済み核燃料なら売るほど持ってます）が、軍事に転用できる高い技術力を見せつけるのも、武力攻撃の抑止になるかもしれません。

例えば、小惑星探査機「はやぶさ」が、ちょうどいまから10年前の２０１０年６月に地球に帰還しましたが、秒速約12キロという超高速で大気圏に再突入する時に1万度を超える高温に耐え抜きました。日本にはそれだけの技術があるということも、もっと広報活動をしてもいいのではないでしょうか。

ほんまに日本はお人好しやから。ダイヤモンド・プリンセス号だって受け入れる必要なかったのにね、ほんまは。人道支援ですよ、あれは。イギリス船籍やから、日本側が対応しなければならない責務は本来ならありません。

日本が人道的配慮から入港を許可したのに、まるで全責任を日本政府が負ったみたいに思われて、それを国内外のマスコミに批判されたんやから、貧乏くじを引いたみたいなもんです。それなのに、当のイギリスときたらその時期に、「東京じゃオリンピック無理でしょうから、うちでやりましょうか？」なんてふざけたことを抜かしてね。

ほんで当初は、ある程度の犠牲は伴いながら「集団免疫」を獲得する方針で対処……要は何もしないでおこうと決めておいたのに、みんなバタバタと倒れていって、とうとう首相までかかったらコロッと対策を変えてね。

「コスタ・アトランチカ」やったっけ、そのクルーズ船も中国のドックで修繕できなくなって、長崎で面倒見たら乗組員の4分の1近くが新型コロナに感染して。重傷者は県の病院で受け入れて、災害派遣要請を受けて自衛隊も駆けつけてます。

こんなお人好しな日本が、憲法を改正しただけで他国を侵略するような国に豹変《ひょうへん》するとはとても思えないのは、ボクだけですか？

この状況で「国難」ってゆうたらなんでいけないの？

新型コロナウイルスのパンデミックに対して、アメリカやフランスの大統領が「戦時下に入った」「戦争状態にある」と国民を引き締めていましたが、それに比べて日本はメッチャのんきでした。

逆に後手後手だったのがよかったのかもしれません。何をしていいのかわからなくて動かなかったのがケガの功名ちゃうかな。**最初から広範囲にＰＣＲ検査を行っていたら医療崩壊が起こって、イタリアみたいになっていてもおかしくありませんでした。**イタリアも高齢者が多く、インバウンド頼みの国やからね。

強制されたわけじゃないのにマスクを着ける人も増えていき、自粛の「要請」に国民が応えるなど、民度の高さで2月、3月は乗り切っていきました。手洗い、うがいも率先して行っていたので、インフルエンザが流行らなかったことも特筆すべきです。

「緊急事態宣言」が4月7日という遅いタイミングになったのは、やっぱり東京オリンピックのことがあったからやと思いますよ。早い時期に緊急事態宣言を出しておいて、7月に東京オリンピックをやろうっていうのは無理がありすぎます。

それから、年度末の前後のタイミングだったので、企業の株価を含めた経済への配慮が大きかったはずです。安倍首相の決断も難しかったでしょうね。

まぁ政府の後手後手ぶりと民度の高い国民性、そのほかに靴を脱いで家で生活するとか、入浴の習慣とかいろいろありますが、元来の持ち味のおかげで感染爆発のような最悪の事態は何とか避けてここに至っています。

ただ、7月に入ってまた感染者数が増え出しました。ワクチンができない限りは安心はできないので、経済がなかなか回っていきません。たしかに外食産業や観光業は大変ですが、この段階でのＧｏＴｏトラベルキャンペーンの強行は国民の命を軽視してるとしか思えませんけど。

ボクは何でも反対する野党議員に対して、3月に「この『国難』になんで一枚岩にならって協力しないの？」とツイートしたら、Twitterで歴史学者かなんかからえらい叩かれました。

「『国難』という言葉は使うべきじゃない。アホか。太平洋戦争も『国難』といって、国民が一枚岩になって戦争に突き進んでいった」みたいなリツイートがあったので、「『国難』って元寇の時から使っとるわ！」と返してやりましたけど。で、ボクは普通にテレビでも「国難」って言うようにもなりました。

今回のコロナはどう考えても「国難」です。国難って言っただけで、なんで「戦争」

と結び付けんの？　いや、欧米の指導者のようにあえてウイルスとの「戦争」っていってもいいくらいです。新型コロナとの闘いなんだから、自衛しないとダメでしょ。

敵と武力で戦うばかりが戦争じゃなくて、こういう病気との闘いも戦争。こんな事態に備えて、緊急事態条項の明記も議論しないといけないと思います。

静岡県の大きさ分の土地がすでに中国のもんってほんまか！

ＷＨＯと中国の不自然な結び付きに世界各国が気付き出して、ついにアメリカは7月6日、ＷＨＯの脱退通知書を提出してしまいました。

アメリカに追随して、まさか日本も脱退――なんてことはさすがにないでしょうが、日本自体がどう対処していくのかは重要です。

日本と中国は、今や経済的に強く結び付いています。ボクとしては、日本中が「脱中国！」を叫ぶ前に、中国さえルールを守って普通にしてくれれば付き合っていくべきだと思ってます。文化的なつながりも強いし、同じアジアの一員だしね。

でも今は経済的にオンブに抱っこな上に、尖閣にもちょっかいを出されていますから。お金と領土の両方から来ています。
「領土を侵略」というと、尖閣諸島沖で日本の領海に入ってくる船だけを思い浮かべるかもしれませんが、それだけではありません。現実問題として、日本国内の土地を中国資本が買いあさっています。ヘタしたら経済の侵略だけで日本支配は済ませられるかもしれない状態に近づいています。

社会主義や共産主義というのは一党独裁というのが強みです。民主主義国家では指導者に任期があって選挙で代わっていきますが、向こうは100年なら100年のスパンで同じ政策を続けていくことができます。

離れ小島にちょっかいを出されるのも困りますが、国民レベルでいうと、生活に直結するお金が大事です。土地を持っていても、生活が苦しくなると固定資産税を払うのも大変だから、土地を売ってしまうこともあるでしょう。その場合、買い手に直接売ることはないでしょうから不動産屋に売るはずです。不動産屋は国防なんて考えず、ビジネスとして外国人であっても土地を売っていきます。

「北海道が『中国の省の1つに？』中国資本が北海道を狙う理由＝中国報道」（2017年8月16日 サーチナニュース）という報道もありましたが、北海道庁によると、2018年に外国資本（海外に所在する企業・個人、資本の50パーセント以上を外国資本が占める企業）に買収された森林は166ヘクタール、東京ドーム約36個分にあたり、その6割近くは中国資本関係だといいます。

北海道庁が統計を取り始めた01年から18年までに累計2725ヘクタール（東京ドーム約580個分）に膨れ上がっていますが、この数字は水源地にからむ森林に限られるため、実際にはもっと多くの土地が買収されているはず。森林以外の土地は、この10倍くらいあるんじゃないかとも言われています。自衛隊基地周辺の土地も買われているという話もあるので、それも気になりますね。

すでに日本の国土の2％、静岡県の面積に相当する土地が中国資本によって買収されたと『レコードチャイナ』でも17年に報じています。静岡県って広いで。マジ？

ほんまに金に汚い日本人がどんだけいるんでしょう。「自分さえ儲かればええ」って欲深い人がいっぱいおるから、それが積もり積もってそれだけの数字になったんでしょ。

こうしたことも日本のマスコミが報道しないっていうのも、どういうことやねん。

国民がお金目当てに日本の土地を外国人に売っている現状に対して、日本政府や日本の議員が反中国の姿勢を持っているなら、外国人に簡単に土地を売ってはならないという法律をすぐ整備するはずです。でも、これを放置しているのは何やねん？　親中派がどれだけおんねんってこと。こういうことも日本国民は知っとかなあかんよ。

日本はオーストラリアの味方をできるんやろか

我が物顔で拡張を続ける中国に対して、決然とした態度に出たのがオーストラリアです。この5月のＷＨＯの年次総会で、今回のコロナ禍での「中国の責任を調査すべき」という議題をオーストラリアが求めました。

これにカチンときたんでしょうか。中国は、その報復としてオーストラリアからの牛肉を輸入禁止にしたり、大豆に80％以上の関税をかけたり、さらには6月8日には国民にオーストラリアに旅行しないよう勧告までしました。えげつないで、ほんま。

実は、中国人留学生を使ったスパイ工作や、政治家への密かな献金、中国人による土地買収などから、数年前から中国とオーストラリアの関係はギスギスしていたようです。オーストラリアでは、すでに全土の2・3％を中国企業が所有しているともいわれています……って、あれ、どっかの国と似てますね。

それに対して、オーストラリアは与野党一致して、中国に対して負けないぞという姿勢を打ち出しています。ここはどっかの国とは違いますけど。

果たしてオーストラリアがどこまで耐えられるのか……今は我慢比べ状態が続いています。中国も強気の姿勢を続けていますが、ただ、これは逆に習近平国家主席の焦りとも受け取ることもできます。ヘタしたら世界中を敵に回しかねませんが、それくらいオーストラリアを黙らせたいんでしょうね。

親中派の議員たちや経団連も関係してきますが、オーストラリア問題で日本がどのような立場に立つのかも注目です。日本としては、同じ太平洋側で、民主主義という価値観も共有しているオーストラリアと仲良くなって、新たな同盟関係を築いていったほうがいいんじゃないでしょうか。そこにベトナム、タイ、さらに台湾も入ってもらって、太平洋～南シナ海における同盟を作るべきでしょう。世界平和のためにね。

アメリカは台湾を援護射撃すると言ってるし、そもそも日本とは同盟国です。本当なら8月下旬にアメリカで行われるはずだったG7サミットで香港のことが議題に上がり、アメリカやイギリス、カナダあたりから中国に対する非難決議が出されたことでしょう。安倍さんなら賛成したと思いますが、G7が開催延期となったのは残念でなりません。台湾の重要性もアピールできるチャンスやったんですけどね。

カネの損得よりも、国のこと、善悪を考えてほしいねん

アメリカがWHO脱退を表明し、ブラジルもWHOの脱退を検討していることに加えて、一部では台湾を含めた新しい世界組織を作ろうという動きも出てきました。

アメリカはもう台湾を国として認め動き出しています。それに対して中国はえらい怒っているわけです。そこに日本が追随したら、日本はさらに激しい戦狼外交の標的になることは間違いありません。「おい、日本はわかってるやろな、オーストラリアみたい

になるで」と脅してくるはず。中国依存度の高い日本の企業がどれだけ耐えしのげるかっていうと、それは難しいでしょう。国益よりも自分らの利益しか考えてない企業のトップが多すぎますからね、日本は。

本来であれば経済と政治問題、文化交流は切り離して考えなくてはいけませんが、やっぱり向こうは「経済」を人質にして、カードとして切ってくるはずです。

そこで、政府が中国に対して毅然とした態度に出れるのか、経済への悪影響を考えて中国に遠慮するのか……どうなんでしょ。

ほんで、不穏な動きをしてる北朝鮮の問題もあります。北朝鮮のことは中国にも頼まれへんし、韓国に強く言ったところで文在寅大統領が北朝鮮寄りの方なんで意味がありません。それどころか、このまま韓国と北朝鮮が一緒になって朝鮮半島で核兵器を持たれたら、日本はどないするの？

だから、目先の新型コロナウイルスのことだけじゃなくて、ウイグル、チベットの人権侵害などの悲惨な状況を考えたら、日本がどこにスタンスを置くべきなのかという答えは自《おの》ずと出てくると思います。経済的に厳しくなることはあるかもしれませんが、損得よりも、善悪で判断しろって言いたいね。

ＷＨＯをも好きに動かしている中国は、知的財産の分野にも食指を伸ばしてきました。この3月、ＷＩＰＯ（世界知的所有権機関）の次期事務局長選挙が行われましたが、有力視されていた中国の王彬潁《ワンビンイン》ＷＩＰＯ事務次長を破り、シンガポールのダレン・タン氏が当選しました。この裏にはアメリカの働き掛けもあったんでしょう。

国際機関はもうまともに稼働してないと思います。アメリカがＷＨＯを脱退しても、日本はＷＨＯにはおりながらアメリカのほうにも付いて、オーストラリアや台湾、インドなどと、健康や感染症に対処する新たな国際機関を作り、後進国の感染症に対応する基金を募っていくのもいいのではないでしょうか。国民の命を守るためにね。

攻めて来たらタダではやられへんでという覚悟を見せるべき

戦争抑止のために憲法改正の議論をしよう、そして軍事力についても議論しよう、さらにいえば核の保有についても議論するのはいいんじゃないか……と、これだけわかりやすく言っても、「ほんこん、おまえ戦争やりたいのか」、「人を殺したいのか」、「このネトウヨめ」って絡んでくる人らは必ずいます。議論すらあかんのか⁉

じゃあ、玄関の鍵を開けっぱなしで侵入されて、命を脅《おび》やかされてもいいんですか？「おまえ、黙って強盗に入られるの？」って聞きたいですわ。

今までなかったからって、これからもないとは限りません。日本各地が襲われている豪雨災害だって、50年に一回とか言われながら2年続けて起きたりしてます。

外国が攻めてきたら、「逃げる」というバカも後輩におったけど、自分の国も家族も同胞も失って、自分一人だけ生き残ったところで意味がないやん。

武器を手にしたからって、人を殺したいなんて誰も思ってないよ。**殺されへんために、かかってこさせへんために自分が鍛えて、武装するだけの話やで。**

ほんまにごっつい体して金属バットを持ってたら、誰がかかって来んねん？　井上尚弥選手にケンカ売る子おる？　武力での抑止力っていうのはそういうこと。井上尚弥くんだって、強いからって路上でケンカするわけじゃないやん。

そこで中国や韓国、北朝鮮が好きな人らに聞きたいですけど、中国に核があるということは、彼らは原爆を落として人殺したいんですか？　韓国には核はないけども軍隊はあります。あれも人殺したいから持ってるんですか？　日本が軍隊を持ったら戦争をすると主張する人、それにまず答えてみって。

結局、「軍隊を持つ＝戦争したい」なんかじゃないんですよ。行き着くところはまったく逆で、「戦争をしたくないがため」なんです。**もし敵が攻めてきたらタダではやられない、絶対に報復するでという覚悟を見せるということしか答えはないのよ。**

それでもまだなんかゴチャゴチャ言うなら、自分の家に鍵すんなや！　玄関開けて寝ときや。泥棒入って来いひん保証はないんやで。

でも、警察が玄関前におったら泥棒が入らんのと一緒で、準備や覚悟があったら敵は簡単に攻めて来ないいんじゃないかと言っているだけです。

「自衛隊は違憲だ」と言っていても、もし敵が攻めてきたら自衛官の方に守っていただくわけです。護憲派はそこがまたフェアじゃないところですよ。戦争でも仕掛けられたら一番最初に矢面《やおもて》に立つのが彼らです。国のために命を懸ける人たちの存在が合憲か違憲かなんて論争に終止符を打つためにも、憲法改正の議論から始めましょうよ。

本当に日本が憲法を改正したら隣国の出方も変わってくると思います。議会制民主主義で、憲法改正を掲げて与党は過半数を取ったのに、憲法改正の議論すらしようとしません。議論ぐらい堂々とやりゃええのに、なんでやれへんねん？　いちばん大切なのは国民の命ちゃうんかいな。それは新型コロナ対策でも一緒でしょう。

個人情報が一って……普段は情報開示しろって言うてるやん！

マスコミやリベラルな方には、「憲法改正はまだ時期尚早だ」っていう意見がけっこう多いんですけど、新型コロナの感染拡大を見て、「危機管理体制の構築に時期尚早もクソもないやろ」ってあらためて言いたくなりました。

早いも遅いもない。いやいや、危機に対しては早ければ早いほどええねん。危機管理体制が整ったら、給付金とかもスピーディにばらまけますよ。

ほんで、何か非常事態が起こってから各省庁で集まってフォーメーションを作るのではなく、笛一つで一斉にフォーメーションを整えられる体制作りが求められます。

そして、もしまた厄介な感染症が日本を襲った場合、国の管理の下、感染者は性別と年齢、国籍を公表するべきです。もちろん、名前はいらないからね。

そのデータから、国民は自分で考えてわかってくれるはずです、例えば「80歳以上の方が亡くなってるのか。そんなら我々はじいちゃんばあちゃんに移せへんように行動したらええ」とか、「外国の方がなんでこんなに多いねん。そんならすぐ出入国を止めたらええんちゃうか」とか。こんなん、個人情報の漏洩でも差別でもありません。感染症のシャットダウンやからね。**これ、差別じゃなくて区別だからね。**

普段は国に「情報公開をしろ！」とうるさい人らが、こういう時に限って「個人情報を守れ！」っていうのは、ダブルスタンダードでしょう。

独裁的にとはいわないまでも、もっとトップダウンで強硬に決めていいこともあると思います。なんでそれができないかというと、**敵がいつでも襲ってくるという心構えが国民にないからです。**この「敵」には外国はもちろん、ウイルスなどの感染症、地震や台風の災害も含まれます。

すっかり平和ボケして、日本は国のリーダーの言うことを聞けなくなってしまいました。危機管理で行うことにいちいち「差別だ」、「個人情報ガー」と反発するのであれば、「じゃあ、おまえら勝手に自衛せいや」、「感染症も自分で治せや」っていうことになってしまうかもしれませんよ。

いずれにしろ、危機管理が遅いのが一番最悪です。危機が過ぎ去ってから、「みんな、準備できましたよ！」って言うたらアホかってなるでしょ。

しっかり準備をしていても、何もなければ「ムダな準備をしよって。アホか」と言われるかもしれませんが、**危機管理というのはそういうもの。空振りでもいいんです。**何もないほうがいいに決まってます。

個人の自由よりも大切なものもあるんとちゃうか

今回のコロナ禍の中で、日本の国としての強制力のなさが浮き彫りになりました。そもそも、「自粛」というのは「自ら」行動を慎むことであって、「要請」されたり「お願い」されるものではないんですけどね。だから、政府の「自粛要請」というのも矛盾があり、強制力があるのかないのかよくわからない玉虫色のものでした。

そんなんだから、偏った正義感を振りかざす「自粛警察」みたいのが出てきて、国民が分断されかけました。

政府も仕事を休んで家にいてほしいのだったら、それにはやっぱり経済的な補償をセットにしなければいけなかったと思います。

国から休めと言われて、感染も怖いから休みたいと思っても、休んだら収入がなくなる人らは、感染のリスクにおびえながらも働くしかなかったことでしょう。一方で、仕事すらなくなった人もたくさんおったと思います。そういう人らは、休んだ分の補償がないのに休めといわれれば頭に来るのは当然です。

それに対して、政府はどうするべきだったのかといえば、お金を刷ってジャンジャン給付すればよかったんです。通貨発行権がある国なんですから、遠慮せずに国債をバンバン発行すればいいだけの話でしょう。

そうすると「国の借金だ」、「未来への負債だ」と騒ぐ人もいますが、負債のことばっかり言うて、持っている資産のことを言わないのは不思議です。

政府が「負債は増えないよ。補償もバンバン出しますよ」と国民を安心させることと引き換えに、対国民に対しての強制力を持つのがよかったのではないでしょうか。

「仕事も外出も自粛してください、でも補償はできません」では納得できないでしょう。「偉そうに命令するんやったら、ちゃんと補償してくれよ」、「しばらく食べていけるんならいくらでも休んだるわ」っていうのがみんなの思いだったはずです。

国のやるべきこととして、重ねて申しますが、速やかな補償をするためにマイナンバーカードとの紐付けの議論も必要でしょう。

国防という観点から考えるんだったら、経済的なマイナスが出るとしても、外国と話し合って、「入国はしばらくやめてくれないか」とはっきり言う決断力が必要でした。

例えば、フランスが国内全土での外出禁止に踏み切ったと聞いても、何よりも「自由」を尊ぶお国柄だけに、政府の言うことなんか誰も聞かないかと思いきや、みんなちゃんと家に閉じこもっていたのが意外でしたわ。

罰金もありましたし、国からの補償や企業救済策もよかったようですが、何よりも国民に対する「教育」の違いが大きいように感じました。

フランス全土のロックダウンを宣言したマクロン大統領は、新型コロナウイルスとの「戦争状態にある」と演説しています。他国と地続きで戦争が絶えなかったヨーロッパ諸国は、戦争に対する心構えが日本とはそもそも違うのでしょう。

国を挙げての戦い——すなわち「国防」となれば、何よりも尊いはずの個人の自由よりも大切なものがある——コロナがそう教えてくれたような気がします。

国歌を歌うとか歌わへんとか、そんな国、ほかにある？

日本の場合、戦争によってアジア諸国を侵略して迷惑をかけたと教育で植え付けられてきましたから、戦後教育が間違っていた部分もあります。アメリカの戦略として、間違っている歴史観、戦争観、国家観を植え付けられてきたともいえるでしょう。

例えば、国歌の『君が代』。起立して斉唱しなければならないとか、ある地域では座ったままでええとか、あるいは教師が歌うなとか……何を言うとんねん、国歌やぞ！　起立脱帽して敬意を示すが当たり前やん、どこの国でも。

ポーランドの子どもたちは『君が代』を歌ってますよ。今から100年前、シベリアで孤立した765人のポーランド人孤児を日本軍と日本赤十字が救ったことが語り継がれ、今もなお小学校では『君が代』が歌われるきっかけとなったそうです。

そのポーランドには、第二次世界大戦後期の「ワルシャワ蜂起」で父母を守るために多くの少年兵が伝令として戦ったことから「少年蜂起兵」の像が建てられています。その像の前には親が子どもを連れてきて記念写真を撮り、国を守ることについてしっかりと教えています。

こうした歴史の事実を未だに受け継いでいく教育があるからこそ、平和を求める国民性が育まれるんじゃないでしょうか。

日本の場合は、ただ臭いものに目をつぶるという考えだから、戦後の総括も何もできないで、**「日本の軍国主義が悪かった」で思考停止しています。**

例えば、戦争終盤に民間人含めて多大な犠牲者を出した沖縄戦について、「沖縄は捨て石だった」という人らもおりますけど、内地から何人も兵隊が行って、県外出身日本兵だけでも約6万6000人が戦死しています。

もちろん、沖縄の兵隊さんも多数亡くなってるし、多くの一般住民も亡くなってるけれども、こういう数字もちゃんと出して教育するべきです。

沖縄戦での日本側死亡者数は19万人近くですから、犠牲となった沖縄県外出身者の数が多いのか少ないのかは、教育を受けた個々人が判断すること。ただ、**日本は決して沖縄を見殺しにしたわけじゃないということはわかるのではないでしょうか**。

そういう意味でも、新型コロナウイルス感染に関する数字というのも非常に重要で、その数字の意味するところを個々が正しく判断していかなくてはなりません。

外国が攻めてくることは絶対にないってなんで断言できるの？

もし今回の新型コロナウイルスが日本で発生して広がったなんてことになれば、日本は世界に申し訳なかったと謝罪して、おとなしく反省もして、もしかしたら賠償金まで払っていたかもしれません。

今回のウイルスは中国の武漢から広がったのは客観的な事実でしょう。しかし、中国は謝るどころか、その責任を認めようとしません。戦略的には、相手の嫌なことをするというのが鉄則やから、上手いやり方をしているなと感心しますよ。ある調査によると、さすがは国民の9割が「正直者は損をする」と回答した国だけあります。

いくら「ボクらが戦わない」って言っても、来るものは来るというのは、新型コロナウイルスから学んだことです。

みんな尖閣諸島なんて遠いと思ってるから危機感を感じてませんけど、日本の領土には間違いないですからね。佐世保の海とか、いや大阪湾にガンガン来ても、指をくわえて見てるだけでしょうか。

「離れ小島に外国船が来ただけで大騒ぎして。そんなん、放っときゃええやん」と思ってる人もいるけど、他国の軍隊が大阪の街を武装して歩いてるのと何も変わらないわけですよ。「大げさだ」って言う人らは、外国が攻めてくることなんて絶対にあり得ないって思い込んでるんでしょうね。

たしかに、戦後75年はそういうことはありませんでした。日本も安心して平和ボケしていられました。しかし、この先はわかりません。

ある日ワーッと上陸されて、周りがどんどん侵略されていくのを尻目に、「やっぱり間違うてた。ほんこんがいうてた通りやった」と思ったって手遅れやで。だったら上陸もさせない、向こうにも撃たせない準備をするのが最大の防御になるわけです。そのための抑止として軍隊を持つことの議論が必要です。

戦争したないねん。それだけやで、ほんまに。**ボクは平和な世の中で普通にお笑いの仕事がしたいだけやねん。**

国防というのは、まさに「外敵の侵略から国を防衛する」こと。そこに「他国を侵略する」なんて定義は1ミリも入り込みません。

未知のウイルスという外敵も含めて、国を守る対策をするのが当然ですが、今の憲法がそれを阻んでいる可能性もしっかり検証すべきでしょう。本当にそうであるなら、憲法の改正を議論した上でしっかり国防対策を練っておき、何も起こらなかったらそれが一番平和でいいやんって話です。

例えば、子どもが空手を習ったりするのは、暴力の加害者になろうと思ってのことじゃないでしょ。心身の育成が目的で、人を殺すための訓練なんかじゃないわけですよ。

万が一、ケンカになってしまった時は、空手が身に付いていれば急所をわかってるから、はよ終わるでしょ、相手を必要以上に傷つけることなく。

軍備を整えるとは、そういうことです。世界平和のためなんです。

本来は「敵」が支配している台湾が反日やない不思議

そういえば、昨日我が家でも「差別」について話題になりましたけど、アメリカの黒人問題と、在日朝鮮人の差別の問題はまったく意味合いが違います。

アメリカの黒人の方々は、「いま現在のボクらの権利を平等にしてほしい」という切実な訴えです。一方、後者は過去のことばかり。韓国併合にしても、慰安婦にしても、いわゆる徴用工にしてもすべて過去の出来事で、〝いま〟何をどう是正してほしいのかわかりません。本来は未来に向けた議論をすべきなのにね。

申し訳ないけど、今を生きているボクらが関わったことではないので、「責任取れ！」と言われても取りようがないし、「じゃあ誠意を見せろ！」って、結局は話がループするし、「今後は差別をやめていきましょう」と言っても、それで終わりにはなりません。ややこしいよね。

この6月には、すでに2015年に世界文化遺産に登録されている、長崎県の軍艦島をはじめとする「明治日本の産業革命遺産」の登録取り消しの検討を、韓国の康京和外相はユネスコに求めたといいます。日本としては「あんたら5年前にいいって言うたやん！」って話ですけど、韓国は「いや、あれは朴槿恵政権の決めたことやから無効や！」というお得意のちゃぶ台返しです。もう「言った、言わない」みたいな応酬になってますけど、「世界遺産」という国際社会の決定に対し、自国の都合で取り消しを求めるのは国際社会のルールを軽視しているといえるのではないでしょうか。別にこっちは仲悪くしたいわけやないねんけど、昔のことばっかり言われて、しんどいわ～。

一方、日本は台湾も統治していましたが、台湾には親日家が多いと言われています。戦後、国共内戦で毛沢東率いる中国共産党に敗れた蔣介石の中国国民党が1949年より台湾に移りましたが、国民党のお行儀が悪過ぎたことから、戦前まで台湾を統治していた日本の評価が上がったということがあるようです。

今は国民党は野党に転落してしまいましたが、長らく国民党の一党独裁体制が続いていました。考えてみると、国民党というのは日本と戦争をしていた相手です。それが中国大陸を追われて台湾に渡っただけですから、ほんまやったら日本は敵のはずです。それなのに、台湾が反日国家にはならなかったというのは不思議です。これも台湾の教育、台湾人の民度の高さかもしれませんね。

でも、在日の人から、統治されてた時の韓国の教科書を送られてきたことがありましたが、ちゃんと礼儀を教えてる教科書でしたけどね。

きれいごとをいうわけやないけど、**やっぱり「お笑い」が文化レベルで日本と韓国、台湾、中国などとつながっているので、それが世の中の力になればいいとは思います。**

でも難しいやろうな、日本側も金儲けばっかり考えるだろうし。お互い、微妙な問題も抱えてるからといって、検閲みたいなのが入るのもあかんと思います。

考えてみれば、ボクらがこの世界に入る前は、韓国では日本の歌謡曲を流すことも禁止されていた時代がありました。それが今、だいぶ開けてきています。音楽やアニメが風穴を開けてきたという歴史もあるでしょうが、今の時代、「インターネット」という便利なツールもあります。

韓国が北朝鮮に気球を飛ばしてビラをまいて実情を知らせるようとするのと同じように、「本当の日本の姿はこうですよ」という知らせるビラみたいな役割がネットにはあるのかもしれません。

実際に欧米の人たちでも、日本のアニメが大好きになったことから日本語を覚えようとして、ネットだけで勉強して見事な日本語を話す人もいます。韓流ドラマによってアジアでは韓国のイメージが上がったように、日本もお笑いでイメージを上げていくのもいいかもしれません。あ、でも、ボクのYouTubeは怒られるかもしれんね（笑）。

選挙に行って、ちゃんとした「国士」を選んでや

本当はほとんどの中国の人らも共産主義に違和感を持っているのではないでしょうか。もっと自由に好き勝手に暮らしたいはずです。でも、既得権益があって、裕福に生活できるんであれば、わざわざ体制にケンカ売ってまで、利権を失う必要はありません。お

金のためには、そこに魂を売ってしまうみたいなこともあるのでしょう。

自由だけどお金で苦労するのと、不自由やけどお金で困らない――どっちを取るかといわれたら、一瞬、心が揺れるかもしれませんが、日本人なら自由のほうを選ぶんじゃないでしょうか。信じてもいないものを信じたふりして生きていくなんて、なかなかできません。ただ、人間というのは怖いもので、いくら変な政治体制であろうと、慣れて習慣化して、それが日常化したら、なかなか変えようとは思わなくなるものです。

とはいえ、民主主義だ共産主義だといっていても、結局のところ、権力を持った人間は汚いことしかしてないねん。ほんまに日本政府も、日本の議員も、とんでもない人間のほうが多いんじゃないでしょうか。

百田尚樹さんのツイートで話題になりましたが、某政党の初代書記局長さんなんて、神奈川県の別荘地にある大豪邸に住んでおられます。こういう人らに「平等」「富の配分」「差別をなくそう」と言われても、何だかな〜。

だから、**最低限ボクらにできることは選挙に行くこと**。日本の場合はさすがに選挙の数字をごまかすことまではしないと思ってるので、本当に国のことを考えている政治家をみんなに選んでほしいものです。

みんなに「先生！」と呼ばれてチヤホヤされて、給料のいい仕事だと思ってやっている「政治屋」じゃなく、お金なんかはどうでもよくて、国のためだったら死ねる「政治家」が増えてくれないと、これから先の日本、ほんま困ったことになるで、これ。

ウイルスから守るのも敵国から守るのも「国防」やで

この本を通して一番訴えたいことは、**「国防なくして平和なんて語られへん」**ということです。誰だって「平和が一番」ということはわかっていると思いますが、その平和を守るために必要なのが「国防」だと言うと、「え、何？　戦争したいん？」と言われるのが不思議です。

「国を守る」って言ってるのに、なんで「攻撃」「侵略」の話にすり替わっていくんでしょうか。このコロナ禍でわかったのは国防の大切さだったのではないでしょうか。

今回、海外から新型コロナウイルスという見えない敵がやってきて、日常を奪われてしまったのは、日本政府が玄関にちゃんと鍵をしてなかったから。まさに「国防」に穴があったからにほかなりません。これ、もし生物化学兵器やったらどうすんねん？　国の言うこと聞かないで県外に遊びに行っちゃうわけ？　平和ボケすぎんねん。

国が、自衛隊が、国民を守らなければ生活ができないんですよ。それなのに、戦争が起きることも生物兵器を使われることもないって性善説を信じ切って。危機はすぐ目の前まで来ています。日本の領土の中にヤツらは少しずつ足を踏み入れてきてるんやで！

コロナが来る前までは、平和があったからこそボクはお笑いができました。だからこそ国防を充実させて、より堅固な平和を作るべきじゃないかと言ってきました。

でも今回、コロナという外敵に日本が侵されて、まさに「国難」というべき非常事態に陥って平和を享受できなくなった時、ほんまにお笑いが奪われてしまいました。

領土的野心を持った海外の国に対しても、新型コロナウイルスという見えない敵に対しても、国を守るということの意味、国防というものをあらためてボクらは考えないといけないところに来ています。

国防こそが国民の生命と財産を守ること。国防といったら、すぐに有事をイメージするのかもしれませんが、今回でわかったように、経済が回らなくなるのも有事です。

まぁ人間っていうのは、病気になってこそ健康が一番やなと思うものです。だから、健康な時こそ、病んだ場合のことを思っておかないといけません。

今回もコロナが来て初めて、日常的な平和の尊さがわかったと思います。だから、日常生活を取り戻したなら……いや、今すぐに国防のこと、危機管理のことを国民みんなで考えていかなくてはならないんです。政治家には、こんな時だからこそ真剣に「国防」について考えてほしいもんです。

これからもボクはYouTubeチャンネル『ほんこんのちょっと待て』でも国防についてもしっかり訴えていきますので、ぜひ見てください！

おわりに

「ウイルス」というのは、誰に移るかわからないという意味においては、その感染のリスク、恐怖は「平等」です。すべての人に平等に襲いかかるウイルスに感染するかしないかというのは、こちらがどういう行動をするかによって大きく変わります。

「なるべく家にいてください。『3密』を避ける行動をしてください。マスク、手洗い、できればうがいも徹底してください」

　こうした国からの要請を守って、必要最低限の買い物でくらいしか外出をしなければ、新型コロナウイルスに感染する確率は限りなく低いものとなるはずです。江戸時代の感染症の書物にも、一番目に「人混みに行くな」って書いてあるくらいです。

　あるいは、せっかくウイルスとの接触がなかったのに、「PCR検査を受けましょう!」というテレビのコメンテーターの言うことを真に受けて、わざわざ検査のために病院に出掛けていって院内感染してしまったという人もいたかもしれません。

ウイルスは標的とする人を選ばないので、ボクもかかるかもわからないですけど、常々「防衛」の意識を持っているかどうかということが問われます。


新型コロナウイルスのパンデミックというのは、見えない敵と戦わなくてはならない、まさに「戦争」です。しかし、**憲法9条で「戦争の放棄」を謳っている日本では、ウイルスとの戦争でも満足に戦えないことが白日の下にさらされました**。憲法には、こういった非常事態になった場合の統制や決まり事が完全に抜け落ちているのです。

「戦争をしないって決めたんだから、当たり前やないか！」

その主張もわかります。たしかに憲法9条にはそう書いてますしね。でも、いくら「日本が戦争はしない」と言っても、攻めてくる相手には関係ありません。

「我々は玄関に鍵をしないことを永遠に誓います」と家の前に張り紙していれば、その家に強盗が入って来ないかといえば、それはまったく関係ないのはおわかりでしょう。

むしろ、「鍵をかけることを放棄した我々の家に強盗が入ることはない」となぜか信じ切って、玄関に鍵をかけずに危機感なく寝込んでいるのですから、強盗にとっては格好の標的となるのではないでしょうか。

これが、まさに今の日本です。自ら望まなくても、一方的に新型コロナウイルスに戦争を仕掛けられました。**「ボクら、病気になりません」と誓っても、来るものは来ます。**戦争を想定していない日本政府は右往左往するばかり、危機管理の統制が取れずに国民生活は混乱が続いています。

自ら戦争を仕掛けることと、戦争を仕掛けられそうになったらどのように対処するのか想定しておくことはまったく違います。戦わないで平和が守れるなら一番ですが、戦わないとやられるだけということが、今回の新型コロナの騒動でよくわかったのではないでしょうか。

今の憲法では、戦争を仕掛けられそうな時、あるいは実際に仕掛けられた時の指針がまったくありません。戦争をするためではなく、「国防」のために憲法の改正を議論すべき時が来たのではないでしょうか。

実際、〝実質的な軍隊〟である自衛隊はウイルスという敵に完璧に対処しました。仕掛けられた戦いには、戦いのプロが応戦していくのが一番です。

　こうした憲法改正を掲げて選挙に勝ってきたのが自由民主党のはずです。現在も一定の支持を得て与党の座にあるのですから、いきなり憲法改正まで行かないとしても、せめて憲法改正の議論は始めてほしいと思います。

　野党でも憲法改正に前向きな党もありますが、「安倍首相だけにはやらせたくない」という、わけのわからない理由から反対しているしょうもない党もありました。

　そんなどうしようもないことを言っているうちに、新型コロナウイルスの第三波、第四波がやってきますよ。「国防」の観点でいえば、外国船が我が国の領海侵犯を続けているじゃないですか。どないする気なん？


　最近になって、中国とアメリカの関係も相当緊張してきました。「すでに戦争は始まっている」と言う専門家もいます。実際、中国の通信機器大手『華為技術（ファーウェイ）』の通信機器の使用や同社への輸出を規制したり、9月20日からはアメリカにおける中国製動画アプリ『ＴｉｋＴｏｋ』の全面禁止を決定したり、中国のスパイとして活動していた容疑で米中央情報局（ＣＩＡ）の元職員を逮捕したりと、トランプ大統領は中国に対する攻勢を強めています。

たしかに目に見えないドンパチは始まっていて、いくら日本が「ウチは戦いません」と言っても、日本の空を中国とアメリカのミサイルが飛び交うような事態も考えられます。万が一、中国とアメリカが武器を使用する戦争に突入したら、日本が「戦争しません！」と叫んでいても、この日本列島が戦場になる可能性だってあるでしょう。

だからこそ、日米同盟がしっかりしていないと、日本にとっては大きなリスクになります。そもそも、日本の足かせになっている憲法を押し付けたのが同盟国のアメリカですから、もう究極の矛盾であり、非道なことです。

安倍首相は退陣表明記者会見で拉致問題に関する質問に対して、「拉致被害者のご家族が、結果が出ていない中において、お一人、お一人とお亡くなりになり、私にとっても本当に痛恨の極みだ。常に私は『何かほかに方法があるのではないか』と思いながら、考えうるあらゆる手段を取ってきていることは申し上げたい」と述べた時は声が変わりましたよね。自分で発した言葉はやっぱり心に届きます。

また、核兵器の廃絶については、「我が国の近くで核開発を進め、日本を射程に収めるミサイルの開発を進めている北朝鮮などの国から日本を守り抜いていかなければならない」「日米同盟の絆を強くすることが、日本を攻撃する気持ちにさせない抑止力になっていく」と答えたけど、憲法改正の議論ができず無念だったでしょうね。

新型コロナウイルス対策、韓国との間でくすぶり続ける徴用工問題、100日以上におよんだ中国当局の船による尖閣諸島周辺の接続水域への進入、北方領土問題解決に向けた難交渉、さらには7月の豪雨による熊本県の甚大な水害など、国民の命と領土を守るための国内外の課題が山積し、安倍首相の心身を蝕んだことでしょう。潰瘍性大腸炎の悪化も休みのない激務と想像もつかないストレスが原因でしょう。

次の首相が誰になるかはこの原稿を書いている段階ではわかりませんが、常に反省と検証を忘れずに、国防のためにまずは憲法改正の議論から進めてほしいものです。

一方で、安倍首相の後継を決める総裁選挙は、「緊急事態にあたる」として両院議員総会の場で国会議員と都道府県連の代表による投票で行われることが決まりましたが、幅広く声をすくい上げる党員投票が行われないことに批判が集まっています。

総裁選挙は直接選挙ではありませんが、この国のリーダーを決めるのは民意のはずです。ボクは新しい首相の元で、任期切れを待たない早期総選挙の可能性もあると思いますし、そうあるべきだと考えています。


言いたいことがまだまだたくさんあるんで、長い「おわりに」になってしまいましたが、ほんまに今回の新型コロナ騒動を通して、いろんな課題が浮き彫りになりました。

国民の民度の高さに依存して後手後手に回った政権与党。

政権の足を引っ張るだけしか考えてない野党。

危機感をあおるだけで本当のことを報道しないマスコミ。

誤報を流しても責任すら取らない評論家や専門家。

何かといえば「個人情報ガー」というリベラル派。

連日、日本の領海を侵犯しては挑発を繰り返す隣国。

憲法9条という非現実的な理想を押し付けたアメリカ。

ほんま、いろんな課題があぶり出されてきました。

こんなことを言ったらこじつけだと言われるでしょうけど、**新型コロナウイルスの登場は「憲法改正を議論せなあかんで」というメッセージかもしれません。『コロナと国防』について、いま一度、考えるきっかけになればと思います。**


残念ながら、ボクにはこれらの課題を修正できる力はありません。解決に前向きな政治家を選挙で選ぶのみです。

ボク自身は無力です。

でも、我が国・日本を愛しています。

大好きな日本で、平和な日本で大好きなお笑いをやりたいだけです。

そして、微力ではありますが、国のためになることは叫び続けます。

すべて明日のために——。

２０２０年9月吉日　ほんこん

コロナと国防
ちょっと待て、こんな日本に誰がした！

著者 ほんこん
2020年10月5日 初版発行

ほんこん
1963年6月16日生まれ。大阪府大阪市東淀川区出身。吉本興業所属。NSC4期生。板尾創路との漫才コンビ『130R』およびピン芸人としてバラエティ番組や吉本新喜劇などで幅広く活躍中。また近年は『教えて！NEWSライブ 正義のミカタ』（朝日放送）など情報番組のパネリストとしても注目を集める。最近はYouTubeチャンネル『ほんこんのちょっと待て』でも日本の未来のために積極的に情報を発信している。

発行者 横内正昭
編集人 内田克弥
発行所 株式会社ワニブックス
〒150-8482
東京都渋谷区恵比寿4-4-9えびす大黒ビル
電話 03-5449-2711（代表）
03-5449-2716（編集部）

装丁 橘田浩志（アティック）
小口翔平・三沢稜・千葉優花子（tobufune）
写真 芹澤裕介
校正 玄冬書林
構成 中野克哉
編集 岩尾雅彦（ワニブックス）
協力 吉本興業株式会社
印刷所 凸版印刷株式会社
DTP 株式会社 三協美術
製本所 ナショナル製本

定価はカバーに表示してあります。

ISBN 978-4-8470-6646-7
ワニブックスHP http://www.wani.co.jp/
WANI BOOKOUT http://www.wanibookout.com/
WANI BOOKS NewsCrunch http://wanibooks-newscrunch.com/